TRAVELKID Reisebericht

Costa Rica

Dschungelfieber

Mit meiner Tochter auf Abenteuerreise durch Costa Rica

Patrice Kragten

Impressum

1. Auflage 2011 | 2. Auflage 2016
Neuauflage Januar 2017
© 2017 TRAVELKID - Patrice Kragten – Zell am See - Österreich

Text, Fotos, Umschlaggestaltung und Layout:
© Patrice Kragten

Herstellung und Verlag:
BoD - Books on Demand, Norderstedt, Deutschland

ISBN 978-3-7431-3735-6
ISBN 978-3-8423-4332-0 – nicht mehr erhältlich

www.travelkid.at | info@travelkid.at

Jede Weiterverwendung und Vervielfältigung ist ohne die vorherige Genehmigung durch die Autorin und TRAVELKID.at nicht gestattet.

Das Papier wurde aus chlorfrei gebleichtem Zellstoff hergestellt.

Inhaltsverzeichnis

Vorwort	7
Karte Costa Rica	8
Erste Costa Rica Reise – 2010	
Nur Pech	9
Plastik Säcke	17
Tortuguero	24
Heliconia Island	34
400 mm	37
Ein Stückchen Himmel	41
Dschungelfieber	47
Bilder erster Reise – 2010	54
Vulkanstaunen	57
Auf dem Pferderücken	66
Im Land der Cowboys	72
Lonesome Cowboy	79
Alptraum	85
Jardin del Eden	91
Ricardo	95
Die Kleintiere	100
Im Nebelwald	108
Abenteuer Wasser	114
Fliegen lernen	124
Killer-Spray	129
Pura Vida	135
Bilder erster und zweiter Reise – 2010 & 2016	137

Zweite Costa Rica Reise – 2016	
Business Class	141
Wieder im Himmel	148
Ranger Hugo	153
Abenteuerzentrum	155
Überteuerte Souvenirs	159
Turtle Time	165
Kaum Profil	170
Land of the brave people	175
Faultier adoptiert	179
Kamerapech	183
Schwanzfedern	189
Alles fliegt	192
Bilder zweiter Reise – 2016	196
Nasse Füße	199
Corcovado	203
Schwimmen mit Haien	208
Crocodile man	214
Grundfrau	219
Reiche Küste	223
TRAVELKID *„abenteuerlich einfach"*	226
TRAVELKID Reisetipps	228
Wichtige Adressen	235
Meine anderen Bücher	237
Dankwort	247

Vorwort

Dschungelfieber
Mit meiner Tochter auf Abenteuerreise durch Costa Rica

Rauchende Vulkane, freundliche Ticos, saftig grüne Regenwälder, farbenfrohe Dschungeltiere, coole Cowboys und prächtige Strände. Das sind die würzigen Zutaten einer abwechslungsreichen Costa Rica Reise. In diesem **TRAVELKID** Reisebericht erzähle ich zuerst von meinen Erlebnissen während der Abenteuerreise durch „die reiche Küste", welche ich gemeinsam mit meiner 7-jährigen Tochter Romy im Sommer 2010 unternommen habe. Sechs Jahre später sind wir wieder nach Costa Rica geflogen und haben dabei den gesamten Süden erkundet. Wir besuchten die Vulkane El Arenal und Irazú, erkundeten verschiedenste Regenwälder zu Fuß, mit dem Boot oder auf dem Rücken eines Pferdes. Dabei haben wir die typischen Dschungeltiere wie Giftpfeilfrösche und Faultiere kennen gelernt. Und einige unvorhersehbare Abenteuer kreuzten unseren Weg...

Und wir haben uns vor allem den Traum-Spruch der Ticos, der gleichzeitig auch das Lebensmotto dieses freundlichen Völkchens ist, angeeignet. Also „Pura Vida", genieße das Leben!

Patrice Kragten

Karte Costa Rica

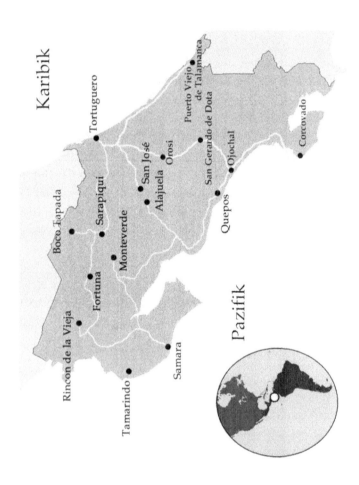

Nur Pech!

Ein Tor.... Mist! Es ist Sonntag 11. Juli 2010, wir sind bereits 25 Minuten in der Verlängerung und Spanien schießt in der letzten Minute der Fussball-Weltmeisterschaft das entscheidende Tor gegen Holland. Romy und ich sitzen in der Abflughalle vom Frankfurter Flughafen, den Flug von München nach Frankfurt haben wir bereits hinter uns und wir warten auf den Weiterflug nach San José in Costa Rica. Und als waschechte Holländer haben wir uns, bekleidet mit einem orangenen T-Shirt, mit noch einigen Oranje Fans vor einem Fernseher platziert. Und bis vor 2 Sekunden haben wir natürlich fest daran geglaubt, dass „unsere Jungs" den Pokal mit nach Hause nehmen werden....

Wir verarbeiten die Enttäuschung während des Fluges im Tiefschlaf und steigen viele Stunden später erholt und wieder gut gelaunt am Flughafen San José aus. Während wir auf unser Gepäck warten, schalte ich mein Telefon ein und bemerke, dass der Costaricanische Provider I.C.E. keine Telefonate mit meinem Provider zulässt. Das passt mir jetzt überhaupt nicht. Inzwischen ist das Gepäck auf dem Förderband angekommen und mit unserem Koffer in der Hand begeben wir uns zum Ausgang. Johan – TRAVELKID Agentur in Costa Rica – wartet mit einem „TRAVELKID-Kragten" Schild in der Hand bereits auf uns. Gemeinsam mit einer anderen Familie aus Holland fahren wir zu unserem Hotel in San

José Stadt. Ich sitze rückwärts im Bus und bekomme nicht viel von der Umgebung mit. Außerdem ärgere ich mich über das nicht funktionierende Handy. In der Zwischenzeit erzählt Johan über Costa Rica, gibt Informationen über Geldwährungen und Ausflugsziele und berichtet Wissenswertes und Details über unsere Rundreise.

Das Gran Hotel liegt direkt gegenüber vom Theatro Nacional und hinter unserem Hotel verläuft die Avenida Zentral, eine Wanderpromenade mit kleinen Restaurants, verschiedensten Shops und Banken. Zahlreiche Museums und Sehenswürdigkeiten befinden sich innerhalb eines 10-minütigen Fußmarsches vom Hotel entfernt. Über die Sehenswürdigkeiten, die man mit Kindern in San José besuchen kann, habe ich auf meinem neuen Reiseblog http://blog.travelkid.at einen Bericht veröffentlicht. Vielleicht magst du da mal reinschauen. Es ist natürlich erst 7 Uhr in der Früh als wir beim Hotel ankommen und die Zimmer sind noch nicht ganz fertig. Bis wir einziehen können, setzen wir uns mit der holländischen Familie Van der Veken und Johan draußen auf die Terrasse. „Diese Terrasse ist die einzige San Josés", erzählt Johan. Dann haben wir Glück würde ich sagen und bestelle einen Cappuccino, Romy möchte Ice Tea, dazu einen Toast und lässt sich das zweite Frühstück gut schmecken.

Inzwischen unterhalte ich mich mit Bert und Rian, wie die zwei Holländer-Eltern heißen, und erfahre, dass wir teilweise der gleichen Route folgen. Johan erzählt über seine Firma und die Erfolge, die er bis jetzt erlebt hat und nach einer Stunde kommt der Kellner mit der Mitteilung, dass unser Zimmer fertig ist. Schnell bringen wir das Gepäck hinauf und haben dann endlich Zeit das schöne Zentrum der Hauptstadt kennen zu lernen.

San José ist eine noch relativ junge Stadt. Es wurde im Jahr 1823 gegründet und erst mit dem Anbau von Kaffee, zu Beginn des 19. Jahrhunderts, fing die Stadt zum Leben an. Bananen waren damals noch von untergeordneter Bedeutung. Auch die wichtigsten Gebäude entstanden in dieser Zeit.

Wir spazieren zuerst durch die autofreie Avenida Zentral, direkt hinter unserem Hotel und suchen einen Bankomat, denn ohne Geld werden wir nicht viel anfangen können. Ich finde mitten auf der Avenida ein kleines Gebäude mit zwei Geldautomaten, hebe 100 Euro ab und mit dem Geld in der Brieftasche wandern wir weiter zum großen Mercado Central - einen täglichen Markt, auf dem stets ein geschäftiges Treiben herrscht. Wir lassen uns von den grellen Farben und fremden neuen Gerüchen inspirieren. Hier gibt es wirklich annähernd alles zu kaufen. Neben den üblich T-Shirts, Souvenirs und gefälschten Markenklamotten, bekommt man auch frisches Obst und Gemüse, Fleisch und Fisch, sowie Artikel des täglichen Bedarfs. Außerdem gibt es eine Fülle an günstigen kleinen Restaurants, die gut besucht sind.

„Ich will jetzt in die Badewanne", sagt Romy plötzlich. Sie hat in unserem Badezimmer eine Wanne gesehen und möchte jetzt rein – ja, jetzt! Mir passt das gerade recht gut, denn dann kann ich endlich vom Hoteltelefon zu Hause anrufen und nachfragen, was mit meinem Handy los ist. Auf dem Weg zurück zum Hotel passieren wir eine kleine Bäckerei und kaufen noch zahlreiche herrlich aussehende Kekse und decken uns mit einigen Flaschen Wasser ein, damit wir für morgen bereits gerüstet sind. Während Romy in der Badewanne plantscht, telefoniere ich vom Hotelzimmer aus. Ein Hinweisschild auf dem Nachttisch hat mir ein einfaches Telefonieren via Kreditkarte, ohne Gebühren versprochen. Wieder zu Hause habe ich dann bemerkt, dass dieses 2-minütige Telefonat via Kreditkarte NUR Euro 42,67 gekostet hat!

Du darfst dir auf keinen Fall das „teatro nacional", das nationale Theater, entgehen lassen, sagt der Reise-Know-How-Führer. Frisch gebadet wandern wir nun zur anderen Straßenseite, wo das Theater liegt und besuchen es. Es ist das prächtigste Theater Zentralamerikas und der Stolz aller Ticos, wie sich die Menschen aus Costa Rica liebevoll nennen. Eine damals sehr bekannte Sängerin namens Adelina Patti wollte im Jahre 1889 nicht in Costa Rica auftreten, weil kein geeignetes Theater zur Verfügung stand. Die Kaffee-Bauern, die sich rundum San José angesiedelt hatten, führten eine Art Kaffee-Steuer ein und entschlossen sich mit diesem Geld das Theater zu finanzieren. 1890 begann man mit dem Bau und das Theater wurde nach 7-jähriger Bauzeit eröffnet.

Die Eingangshalle ist üppig mit viel Marmor und Gold geschmückt und an den Decken zeigen die wunderschönen Malereien die Geschichte des Kaffees. Wir wandern gemütlich durch das Theater, die Stühle im Saal formen ein witziges Muster und ich mache einige Fotos. Du darfst im Theater weder Blitz noch Stativ benützen, dadurch wird das Fotografieren in der Dunkelheit eine echte Herausforderung. Als Alternative zum Stativ nütze ich die kleine Treppe zum Podium. Ich habe immer das Verbindungsstück für das Stativ auf meiner Kamera befestigt. Dadurch wackelt die Kamera natürlich, wenn ich sie hinlege. Romy setzt sich inzwischen in die erste Reihe und ich versuche die Kamera zu stabilisieren. Meine Brieftasche eignet sich prima dafür und ich lege sie unter das Objektiv. So, jetzt noch den Selbstauslöser einstellen, rennen, sitzen und „cheese" – Klick - ein wunderschönes Foto! Ich nehme die Kamera wieder mit und wir spazieren noch eine Weile durch das wunderschöne Museum.

Obwohl der Körper nicht mehr genau weiß, wie spät es ist, wir haben 8 Stunden Zeitverschiebung zu Österreich, fängt der Magen zu knurren an. Wir wandern zur Promenade Avenida zurück und suchen dort ein nettes Restaurant. Diverse Menschen, meistens Frauen, haben sich hier auf der Straße einen Tisch hingestellt und verkaufen Lose für irgendwelche Lotteriespiele. Auch zahlreiche Obdachlose und Bettler führen hier ein Leben auf der Straße.

Beim nett aussehenden Spoon Restaurant entscheiden wir uns für eine kurze Pause. Oben im ersten Stock haben wir eine schöne Aussicht auf die Promenade. Dort treffen wir Rian und Bert mit ihren Kindern Vince und Evi wieder. Romy bestellt Spaghetti, ich probiere die Enchilladas gefüllt mit Pollo, also mit Huhn. Als Dessert einen Cappuccino. Wir haben in San José nur einen Aufenthalt von 24 Stunden und möchten das Gold Museum und das interaktive Kindermuseum noch besuchen. Also schnell bezahlen, dann können wir los. Ich hole meine Geldbörse aus meiner Bauchtasche und .... Geldbörse???? Geldbörse???? Wo ist meine Geldbörse???? Ich schaue noch mal in meine Tasche, kehre verzweifelt den Rucksack um, suche in allen Hosentaschen...... keine Geldbörse!!! Schei...... (Entschuldigung)!!! Das Theater, das Foto! Ich springe auf, erzähle dem Kellner mein Schicksal und hinterlasse Euro 20 mit der Mitteilung, dass ich wiederkomme...

Beim Theater ist das Personal sehr hilfsbereit, ich darf schnell noch mal in den Saal hinein, aber leider, da ist keine Geldbörse mehr zu finden. Der diensthabende Beamte ist gerade auf Mittagspause und wird sogar angerufen. Dann wird bei einer Gruppe nachgefragt, auch bei einer zweiten Gruppe, aber leider. Meine Geldbörse ist verschwunden! Darin befanden sich 30.000 Colon - das ist mir im Moment nicht wirklich wichtig - aber meine Bankomatkarte war blöderweise noch drinnen. Ich empfehle meinen Gästen immer nur eine Tagesgeldbörse herzurichten und Bankomat und Kreditkarte separat mitzunehmen. Jetzt habe ich selber den Fehler gemacht, alles in einer Brieftasche aufzuheben – wie un-glaub-lich blöd. Und, obwohl ich bereits 20 Jahre Reise-Erfahrung habe, kommt jetzt doch wirklich

Panik auf. Ich habe von der Kreditkarte keinen Pincode mit – wie komme ich jetzt an Geld?????

Vom Hotelzimmer telefoniere ich sofort mit der Europäischen Reiseversicherung und melde mein blödes Schicksal. Ein freundlicher Herr hilft mir meine Bankkarte zu blockieren und teilt mir mit, dass ich auch bei der Bank am Schalter Geld von der Kreditkarte abheben kann. Das hätte ich in meinem Stress glatt vergessen. Pffff – das beruhigt mich wieder ein wenig.

Diese dumme Aktion hat uns doch sehr viel Zeit gekostet, vor allem weil das Suchen nach einer Bank, wo du Geld von der Kreditkarte abheben kannst, nicht so einfach war. Dadurch fehlt uns einiges an Informationen über die Geschichte des Landes. Ich wende mich an unseren Reise-Know-How Reiseführer und lese, dass 1502 Christoph Kolumbus als erster Europäer an der Atlantikküste des heutigen Costa Rica strandete. Die ersten Erkundungen der Küstenregion und des Inlands fanden aber erst 1510 unter Diego de Nicuesa statt. Zwischen 1519 und 1523 wurde dann der Großteil des heutigen Costa Ricas im Namen der spanischen Krone erobert. Die Bezeichnung von Kolumbus „Costa Rica y Castillo de Oro" (Reiche Küste und Goldene Burg) stellte sich als Wunschvorstellung heraus: das Land ist arm an mineralischen Rohstoffen und Edelmetallen.

Im 17. Jahrhundert festigten die Spanier ihre Herrschaft über Costa Rica, das jedoch wegen seiner Rohstoffarmut und unbedeutenden strategischen Lage eine nachrangige und unterentwickelte Kolonie blieb. Deswegen erhielt Costa Rica dann am 15. September 1821 die Unabhängigkeit von der ehemaligen Kolonialmacht Spanien.

Die Geschichte Costa Ricas ist, für mittelamerikanische Verhältnisse, eine Geschichte des Erfolgs. Seit dem späten 19. Jahrhundert gab es dort nur zwei kurze Perioden der Gewalt, die die Demokratisierung des Landes beeinträchtigten. Daraufhin beschloss der damalige Präsident José Figueres Ferrer die Armee am 8. Mai 1949 per Verfassung abzuschaffen und investierte die hierdurch freigesetzten Gelder in den Aufbau des Bildungs- und Gesundheitswesens. Die Grenzschutzaufgaben hat die Polizei übernommen. Außerdem existiert in Costa Rica eine Sicherheitsgarde mit einer Stärke von rund 8400 Mann.

Informiert verlassen Romy und ich kurz nach 18 Uhr das Hotel. Ich möchte das am Abend wunderschön beleuchtete Theater noch fotografieren und dann etwas essen, außerdem muss ich im Restaurant noch meine Schulden bezahlen. Wir sind heute natürlich seit 4 Uhr früh wach und werden morgen für einen Ausflug nach Tortuguero bereits um 06.30 Uhr abgeholt. Wir werden also früh ins Bett fallen! Wieder treffen wir die Van Der Vekens und gemeinsam genießen wir das Abendessen im selben netten Spoon Restaurant, wo wir heute schon mal waren und ich jetzt meinen Kaffee vom Vormittag bezahlen kann. Während ich Tacos bestelle, bricht Romy komplett weg und schläft am Esstisch friedlich ein.

Plastik Säcke

Es ist kurz vor 5 Uhr früh und wir beide sind bereits hellwach! Was heißt hier Jetlag? Aber heute macht das nichts, wir werden für den 3-tägigen Ausflug zum Tortuguero Nationalpark, welchen wir mit einer internationalen Gruppe unternehmen werden, sowieso früh abgeholt. Wir springen aus dem Bett, ziehen uns an und wandern gleich mit dem ganzen Gepäck hinunter zur Rezeption. Der Frühstücksraum öffnet erst um 6 Uhr. Wir müssen noch 10 Minuten warten und spazieren inzwischen kurz hinüber zum Theater. Voller Hoffnung erwarte ich bei jedem Schritt, dass meine Geldbörse irgendwo auf der Straße liegt.... Stattdessen finden wir direkt vor der Türe des Hotels eine Obdachlose, die sich auf eine Bank hingelegt und es sich gemütlich gemacht hat. Wir schleppen für diese Reise 40 Kilo an Kleidung und anderen Gegenständen mit, während diese Frau ihr ganzes Leben in einem Plastiksack eingepackt und unter ihren Kopf verstaut hat. Die Realität ist manchmal erschreckend.

„Hola señora y señorita. Como estas?" „Muy bien, gracias!" Ganz herzlich werden wir von unserem Reiseleiter Luis begrüßt. Ich habe 2 Jahre Spanisch in der Schule gehabt und merke, dass das Sprechen, seit ich in Costa Rica bin, immer besser geht. Verstehen kann ich viel, aber reden ist doch etwas anderes. Wir verabschieden uns bei den Van der Vekens, steigen in den Bus ein und begrüßen eine Familie aus Dänemark.

Der Bus fährt durch die Stadt und wir holen noch zwei belgische Familien ab. Dann hat Luis eine schlechte Nachricht. „Der Normalweg nach Guapiles ist gesperrt. Wir müssen den alten Weg nehmen und benötigen statt 1,5 jetzt 3,5 Stunden." Oh, das ist wirklich eine schlechte Nachricht!

Wir fahren aus der Stadt hinaus. San José erstreckt sich über mehrere Kilometer, Stein und Blech wechseln einander ab, dazwischen ist alles grün. Die geraden Straßen werden immer kurviger und Romy wird immer stiller. „Mama, mir ist schlecht", sagt sie. Wir überqueren eine kleinere Gebirgskette und schlängeln uns auf den Hängen immer höher, bis wir auch noch in den Nebel gelangen. Dann ist es für Romy vorbei. Sie hat jetzt auch die Orientierung verloren und es ist ihr wirklich übel. Ich nehme sie mit nach vorne, sie darf auf dem Stuhl des Reiseleiters sitzen. Ich setze mich am Boden hinter ihr, einen Plastiksack griffbereit. Es ist in Costa Rica nicht erlaubt, Kinder vorne im Auto oder Bus mitzunehmen, aber hier im Gebirge drückt der Chauffeur ein Auge zu. Ich sehe, dass die Landschaft langsam Platz macht für Kaffee- und Bananenplantagen. Diese enormen Plantagen produzieren für den Export. Die Ananas und Zuckerrohr Ländereien produzieren hier nur für die Ticos. Ende 18. Jahrhundert war es notwendig für den stark steigenden Kaffee-Export eine Eisenbahnstrecke von der Pazifik- zur Atlantikküste zu bauen. Mit der Rodung des Urwaldes entstanden dadurch fruchtbare Flächen, die zum lukrativen Bananenanbau genutzt wurden. Minor Kooper Keith entwickelte sich in diese

Zeit zum ungekrönten König, indem er 1899 die United Fruit Company gründete und Costa Rica weltweit als wichtigstes Exportland für Bananen bekannt machte. Seitdem ist Costa Rica auch als die Bananenrepublik bekannt.

Der Chauffeur muss einige Male anhalten um einen vollen Plastiksack aus dem Fenster zu schmeißen. Romy ist so krank, dass ich mir über den Abfall jetzt keine Gedanken mache. Ich möchte nur so schnell wie möglich in Guapiles ankommen, Romy natürlich auch…

Wie angekündigt, steigen wir nach genau 3,5 Stunden und vier Plastiksäcken weniger in Guapiles beim Restaurant aus. Während dieser drei Tage genießen wir Vollpension und fangen hier mit einem herrlichen zweiten Frühstück an. Am Buffet liegen Bohnen, Speck und Reis; das typische costaricanische Frühstück. Romy probiert nur den Reis, lässt es sich aber entgegen meiner Erwartungen gut schmecken. Kinder sind da nach so einer Fahrt wirklich unkompliziert!

Im Hinterhof befindet sich ein Schmetterlingsgarten, wo der wunderschöne blaue Morphofalter gehalten wird. Diese Schmetterlinge sind ausschließlich im tropischen Mittel-Amerika heimisch und können eine Spannweite von zwanzig Zentimeter erreichen. Übrigens sind nur die Männchen blau, die Weibchen sind braun. Nach dem Frühstück wandern wir durch das Gehege und können über 100 Schmetterlinge zählen, ein toller Anblick.

Mit dem Bus ist es noch eine halbe Stunde bis zum Hafen. Von dort werden wir mit einem Boot zur Samoa Lodge in Tortuguero gebracht. Der Name Tortuguero lautet übersetzt „Platz, an dem die Schildkröten an Land kommen" und stammt vom spanischen Wort *tortuga* ab, welches Schildkröte bedeutet und diese möchten wir hier besuchen.

Bereits nach einer 5-minütigen Fahrt hält der Bus schon wieder an. Nein, nicht wegen Romy. Luis hat etwas in einem Baum neben der Straße gesehen. Wir steigen alle aus und, obwohl Luis fünf Mal hindeutet, sehen wir nichts. Er holt eine Taschenlampe, leuchtet in den Baum und tatsächlich, jetzt sehen wir es auch: da hängt ein Dreifingerfaultier! Faultiere leben in den Baumkronen und verlassen nur ein Mal die Woche den Baum um ihr Geschäft zu erledigen. Auch sonst sind die Tiere wirklich faul. Ihre Bewegungen sind so langsam, dass die Blätter quasi in ihren Mund hinein wachsen. Außerdem schlafen die Tiere 20 Stunden am Tag!

Es ist 11.30 Uhr als wir endlich beim Hafen ankommen. Na ja, Hafen? Die kleinen Boote der verschiedenen Lodges legen dort einfach am kargen Ufer an. Im kleinen Hafen-Restaurant warten sicherlich hundert Personen und schauen alle etwas verärgert aus. Es stellt sich heraus, dass diese Gäste bereits um 8 Uhr von ihrer Lodge abgeholt wurden und bis jetzt auf, unter anderem, unseren Bus gewartet haben. Die Gäste haben nicht gewusst, dass der Normalweg blockiert war und wir 2 Stunden länger gebraucht haben. Einige andere Busse sind auch noch nicht da. Gut, nur was kann ich dafür? Das gehört zum Reisen dazu!

Das Gepäck wird im Boot mit der Aufschrift „Samoa Lodge" eingeladen. Luis übernimmt seine verärgerten Gäste und fährt mit dem Bus wieder nach San José zurück. Wir werden von einem feschen jungen Kerl, namens Edgar begrüßt. Er ist Biologe und arbeitet für die Samoa Lodge, wo wir die nächsten drei Tage verbringen. Wir steigen in das kleine Boot ein, die Fotokamera in der Hand und bereiten uns auf eine abenteuerliche und schöne Fahrt quer durch den Regenwald vor.

Das Boot hat sogar ein Dach und Rettungswesten hängen griffbereit an den Stühlen. Edgar beginnt gleich zu erzählen, während die ersten „Wild"-Tiere gerade an uns vorbei schwimmen. Wir sind gemütlich und langsam in einem Seitenkanal unterwegs. Die Bäume am Ufer stehen dicht beieinander. Jeder Ast, jeder Stamm und jeder Baum ist voll mit Blättern bewachsen, alles sieht grüner als grün aus, die gesamte grüne Farbpalette ist hier in den unterschiedlichsten Blättern vorhanden. Nach einer halben Stunde kommen wir in den Hauptkanal und jetzt läuft der Motor auf Hochtouren. Wir rasen über das Wasser, Wassertropfen spritzen ins Boot und langsam werden die Sessel, und somit auch die Hose nass. Und es beginnt zu regnen. Wir werden jetzt von oben und von der Seite nass gespritzt. Willkommen im Regenwald!

Beim kleinen Anlegeplatz der Lodge halten wir an und gehen an Land. Edgar gibt uns die Schlüssel unseres

Zimmers. „Mittagessen in 15 Minuten", sagt er noch. Viel Zeit zum Auspacken haben wir also nicht. Die Gruppe mit der wir reisen, ist wirklich sehr nett und auch die Kinder haben viel Spaß mit einander. Romy hat sich gleich eine Freundin ausgesucht – Eloise, ein 8-jähriges Mädchen aus dem französischen Teil Belgiens. Eloise lernt holländisch in der Schule und kann sich auf diese Weise mit Romy verständigen. Obwohl ich Romy immer in Holländisch anspreche, antwortet sie mir auf Deutsch. Jetzt muss Romy wirklich holländisch reden, ich bin neugierig, wie es ihr dabei geht....

Viel Zeit zum Relaxen ist heute nicht. Wir haben kostbare Zeit bei der langen Hinfahrt verloren. „Um 15.00 Uhr bitte beim Anlegeplatz", sagt Edgar nach dem köstlichen Mittagessen, gemeinsam fahren wir ins Dorf. Tortuguero war ursprünglich ein Holzfäller- und Fischerdorf, die 700 Einwohner leben heute fast ausschließlich vom Tourismus. Auf der Landzunge, die sich eingebettet zwischen Karibik und Lagunen befindet, fahren keine Autos. Edgar erklärt von der Geschichte des Dorfes, danach können wir selbständig das Dorf anschauen. In der Hauptstraße finden wir Restaurants und Anbieter von Ausflügen, sowie zahlreiche Souvenirgeschäfte, wo wir gleich die ersten Souvenirs kaufen: Schildkröten natürlich, in Holz, Stoff und Stein.

Zurück in der Lodge haben wir wieder keine Freizeit, wir sollen gleich zum Abendessen antreten. Ein kleines Buffet mit Reis, Bohnen, Fisch und Salat wartet auf uns und als Vorspeise nehme ich noch eine Maissuppe. Alles schmeckt echt hervorragend. Während des Essens springen die 2 Kinder immer wieder auf um Tiere im Garten zu suchen. Der Kellner weist die Kinder auf einen „big shot" hin. Direkt unter dem Steg, der zum Restaurant führt, liegt ein Alligator. „Der kommt jeden Abend hier hin", sagt er. Du verstehst die Aufregung der Kinder, gegessen haben die nichts mehr!

Der heutige Tag war lange und doch etwas anstrengend. Romy ist müde und möchte ins Bett. Wir haben ein liebes Häuschen in einer 4-er Reihe, welches auf Pfosten steht. Unser Zimmer ist liebevoll eingerichtet und sauber. Ich springe schnell unter die Dusche, Romy legt sich gleich ins Bett. Als ich 5 Minuten später frisch gebadet wieder den Schlafbereich betrete, befindet Romy sich bereits im Land der Träume. Ich lege mich ins Bett und schreibe ausführlich meine Erlebnisse des Tages in mein Tagebuch. Dann schalte ich müde das Licht aus. Ab und zu rennen Salamander oder andere Tiere über unser Dach. Ich höre noch Affengeschrei und andere Geräusche im Dschungel. Langsam fängt es wieder zu regnen an und mit dem leisen Trommeln der Regentropfen auf unser Dach, schlafe auch ich zufrieden ein.

Tortuguero

„Komm Romy, aufstehen! Es ist schon halb sechs!" Inzwischen packe ich meinen Rucksack. Insektenspray, Poncho, Fernglas, Regenschirm, Fotoapparat, Kekse und eine Flasche Wasser dürfen heute auf keinen Fall fehlen. Noch vor dem Frühstück steht eine Bootsfahrt im Nationalpark auf dem Programm. Zuerst fahren wir zum Büro des Nationalparks und zahlen Eintritt. Erwachsene zahlen US$ 10, Kinder US$ 1. Die Gelder werden hauptsächlich für das Forschungszentrum benötigt und der Schutz der Meeresschildkröten gewährleistet. Dann fahren wir mit unserem Boot in den Nationalpark hinein. Gestern hatte unser Boot noch ein Dach, aber „das ist nicht professionell", sagt Edgar. „Dann siehst du nichts." Wir wissen natürlich, dass er da Recht hat, aber als die ersten Regentropfen wieder vom Himmel fallen, wäre es uns lieber gewesen in einem `Nicht-Profi` Boot zu sitzen. Ich habe im letzten Moment noch einen Regenschirm, Standard in unserer Zimmerausstattung, mitgenommen und spanne ihn jetzt auf. Nicht, weil ich Angst habe, nass zu werden, aber ohne Schirm ist fotografieren wirklich unmöglich. Romy ist gut eingepackt und hat trotz Regen großen Spaß mit Eloise. Die Investition in einen guten Regenschutz zahlt sich aus. Die Umgebung interessiert die Kinder weniger. So ist das eben bei Kindern.

Ich bin schon voller Erwartung und bewundere die üppige Vegetation. Überall um uns herum herrscht Stille, ab und zu hören wir das Gekreische der spielenden Brüllaffen und das Gezwitscher verschiedener Vögel in der Nähe. Auch die `die hard´s` sind unterwegs: eine Gruppe in einem Kanu – klatschnass und völlig in Plastik eingepackt - paddeln diese Abenteurer mit ihrem Führer durch den Dschungel. Respekt! Wir sehen einen Flussotter, Baby Kaimane und verschiedene Wasservögel. Die Kanäle sind manchmal recht breit und teilweise auch wieder so schmal, dass wir uns unter den Zweigen und Ästen ducken müssen. Auf ein Mal höre ich einen Schrei, dann meinen Namen: „hé Patrice, hallo!" Die Van Der Vekens fahren gerade in einem anderen Boot an uns vorbei!

Sehr spät kehren wir wieder in die Lodge zurück. Der Kellner des Restaurants ist ziemlich verärgert. „Da arbeitet nur eine Dame in der Küche", erklärt er „und wenn Sie zu spät kommen, gibt es Probleme in der Organisation". Oh, Entschuldigung, wir haben uns erst mal umgezogen und die nassen Sachen schnell aufgehängt. Nach der Meckerei können wir das Frühstück mit Toast, Ei, Käse, Reis, Bohnen und Obst trotzdem genießen. Mit einigen Menschen unserer Gruppe bleibe ich noch gemütlich sitzen und wir unterhalten uns über die Bootsfahrt. Inzwischen muss ich gut auf meinen Kaffeebecher aufpassen, sonst räumt der Kellner diesen gleich weg. Der dänische Mann aus unserer Gruppe hat eine Mega-Kamera mit, eine Canon EOS 5D mit Objektiven um etwa 4000 Euro. Er hat aber keine Ahnung wie er damit fotografieren muss. Nicht dass ich jetzt ein Profi Fotograph bin, aber er hat wirklich keine Ahnung! Ich gebe ihm einige Tipps, vielleicht kann er damit bessere Fotos machen. Ich selbst fotografiere mit einer 500 D, ganz einfach, weil diese Kamera nicht so schwer ist. Mit einer Tennisarm-Blessur wird das Tragen einer schweren Kamera echt zur Qual! Währenddessen rennen die Kin-der im Garten herum und suchen Giftpfeilfrösche und Salamander. Sobald ein Kind ein Tier gefunden hat, springen wir mit der Kamera hin und fotografieren. Zurück beim Tisch ist der Kaffeebecher dann doch weg!

Wir können den Vormittag endlich mal frei gestalten. Keine Hektik mehr. Romy und Eloise möchten gerne schwimmen und auch ich springe im das Schwimmbecken. Das Wasser ist nicht gerade warm aber eine halbe Stunde ist es schon auszuhalten. Während die Kinder plantschen und ins Wasser springen, fliegen Tukane im Garten herum und flanieren andere Vögel am Schwimmbadrand entlang. Romy wird langsam etwas blau um die Lippen und als ihre Zähne vor Kälte zum Klappern anfangen, ist es Zeit sie aus dem Wasser zu holen.

Auf dem Gelände der Lodge befindet sich ein Dschungeltrail, welchen wir erforschen möchten. Mit langer Hose, viel Anti-Moskito-Spray und in unseren Bergschuhen suchen wir den Anfang des Trails. Durch den Regen ist die Luftfeuchtigkeit erheblich angestiegen und formt ein herrliches Klima für die Mücken. Wir sprayen uns noch mal ein, das hält die Tiere aber nicht fern. Sie sind hungrig! Sobald wir still stehen um etwas anzuschauen oder zu fotografieren, werden wir von dem Ungeziefer regelrecht attackiert. Der Pfad ist ziemlich bewachsen, überall hängen große Spinnweben mit gleich großen Spinnen drinnen. Am Boden hüpfen ganz liebe kleine Giftpfeilfrösche: Rote mit blauen Pfoten. Wir haben gestern in Tortuguero einen Führer über die Tierwelt Costa Ricas gekauft und lesen, dass es sich hier um einen Blue Jeans Frog handelt. Sobald wir stehen bleiben um den Frosch zu fotografieren, kommen gleich die Mücken und stechen uns, wo es nur geht. Das macht so kein Spaß! Nach einer halben Stunde drehen wir um und bleiben den Rest des Vormittags im Garten. Da sind komischerweise fast keine Mücken. Romy schaukelt in der Hängematte beim Anlegeplatz. Boote fahren den Hauptkanal auf und ab, manchmal mit Fracht, manchmal mit Passagieren und sobald ein Boot mit Passagieren irgendwo im Wasser still liegt, weißt du genau, dass sich dort ein Tier aufhält. Direkt gegenüber unserer Lodge sind öfters Brüllaffen in dem Bäumen zu hören und zu sehen. Der Garten ist wunderschön mit verschiedenen Arten von Bäumen, Pflanzen, Bromelien und Heliconias und auch Vögel fliegen in den unterschiedlichsten Farben und Größen herum. Dieser Platz gefällt uns sehr gut!

Nach dem Mittagessen buchen wir für heute Abend die 21.30 Uhr Abendtour zu den Meeresschildkröten. Natürlich hoffen wir eine Schildkröte beim Eierlegen zu „erwischen". Jetzt machen wir erst noch eine zweite Bootsfahrt durch den Nationalpark und werden beim Anlegeplatz erwartet. Eigentlich stand eine Dschungelwanderung auf dem Programm, aber Edgar findet, dass zu viele Mücken im Regenwald unterwegs sind. Das können wir bestätigen! Aus diesem Grund ändert er das Programm, da es auf dem Wasser sicherlich angenehmer ist.

Direkt gegenüber unserer Lodge, an der anderen Seite des Flusses, hängt tatsächlich eine ganze Gruppe Brüllaffen in den Bäumen. Wir können sogar ein kleines Babyäffchen entdecken und fotografieren die Szene ausgiebig. Wir sind wieder mit dem Boot ohne Dach unterwegs und genau jetzt verstehen wir wirklich warum, denn die Tiere befinden sich genau über uns.

Wir haben heute den Eintritt für den Nationalpark bereits bezahlt und können das zweite Mal gratis in die Kanäle des Nationalparks einbiegen. Als wir in einen der Seitenkanäle fahren, kommt spontan die Sonne heraus und es entsteht ein ganz besonderes Licht. Die Äste und Blätter, die ins Wasser hängen, geben eine kristallklare Spiegelung im Wasser. Ich mache sicherlich 50 Bilder, das eine Bild ist noch schöner als das andere. Es hinterlässt wirklich einen traumhaften Eindruck. Etwas später finden wir noch mal zwei Baby Kaimane, eine grüne Iguana liegt in den Baumkronen und ein Emerald Basilisk rastet am Baumstamm. Romy findet die Tiere immer wieder mit ihrem Fernglas. Blöderweise frage ich natürlich nach, ob sie das Tier gesehen hat. „Mama, du nervst!", „Oh, Entschuldigung Lady!"

Zurück in der Lodge packen wir unsere Koffer wieder ein und stellen gleichzeitig einen Rucksack für heute

Abend bereit. Die Beobachtung der Meeresschildkröten ist nur mit einem Führer gestattet und pro Führer dürfen maximal 10 Personen mit. Jeden Tag werden alle Reservierungen in einen Topf geworfen und die verfügbaren Führer gezählt. Bei zehn Führern dürfen also maximal 100 Personen mit und das Los entscheidet. Aber wir haben Glück!

Nach dem Abendessen lege ich Romy gleich ins Bett. Sie soll noch etwas schlafen. Die Tour fängt heute erst um 21.30 Uhr an und ich möchte natürlich, dass es ihr auch Spaß macht. Nicht dass sie von Müdigkeit geplagt wird. Während sie schläft, suche ich Kleidung aus. Wir dürfen nur dunkle Kleidung tragen, Foto- und Videokameras sind nicht erlaubt. Auch eine Taschenlampe ist verboten und die Raucher müssen die Zigaretten zu Hause lassen. Als ich Romy um 21.15 Uhr aufzuwecken versuche, schläft sie sehr fest. Im Schlaf ziehe ich sie an und trage sie zum Boot. Wir haben die Sektion 1 zugewiesen bekommen. Diese Sektion liegt im Norden, bei der Landebahn. Unterwegs steigen noch 2 Mädels bei uns ein und wir nehmen unseren Führer auf. Während der Bootsfahrt wacht Romy langsam auf, inzwischen teilt Edgar unsere Gruppe. Bei Sektion 1 angekommen, haben bereits einige anderen Boote dort angelegt und zirka 40 Menschen warten auf der Landebahn bis auf weiteres.

Inzwischen sind einige Rangers am Strand unterwegs. Diese ausgebildeten Personen suchen den Strand nach an Land kommenden Schildkröten ab. Sobald eine Schildkröte an Land kommt, kriecht sie durch den Sand bis zum Waldrand hinauf und, wenn es ihr dort gut gefällt und sie sich sicher fühlt, fängt sie an ein Nest zu graben. Ist das Nest fertig, gerät die Schildkröte in eine Art Trance und beginnt mit dem Eierlegen. Erst dann wird ein für diese Sektion zugeteilter Führer informiert und darf die Gruppe kommen. „Los geht's, nach rechts", sagt auch Edgar. Es ist so weit. Ich fühle ein besonderes Gefühl aufkommen, ich bin aufgeregt, finde es echt super spannend und auch bei Romy kribbelt es im Bauch. Die zweite Hälfte unserer Gruppe hat einen anderen Bereich zugeteilt bekommen und muss noch warten. Zuerst können wir uns im Stockfinsteren noch an dem Asphalt der Landebahn orientieren. Dann marschieren wir über den Strand und sehen echt keine Hand mehr vor Augen. Nur Edgar hat eine Taschenlampe und ich versuche ihm in kurzer Distanz zu folgen. Die Kinder sollten wir gut an der Hand nehmen, nicht wegen der Dunkelheit, sondern wegen der hohen Wellen des Meeres. Das Wetter ist sehr rau und die Wellen donnern mit großer Wucht an den Strand. Inzwischen hat der Führer die Taschenlampe von Normallicht auf Rotlicht umgeschaltet und es wird jetzt noch schwieriger ihm zu folgen. Wir stolpern immer wieder über die angespülten Baumstämme und müssen vom Ufer wegbleiben. Plötzlich hält er an. „Wir müssen auf ein Zeichen des Rangers warten", sagt Edgar. Und dann, nach drei Minuten bekommen wir endlich die Erlaubnis. „Komm Romy, wir dürfen zu ihr hin", flüstere ich aufgeregt. Die Spannung steigt als wir uns der Schildkröte nähern. Und da liegt sie, eine grüne Meeresschildkröte. Sie ist riesig und, wie sich später heraus stellt, insgesamt über 1,5 Meter lang. Und sie hat bereits die ersten zwanzig Eier gelegt und bemerkt nicht, dass wir ihr dabei zuschauen. Im 10 Sekunden Takt wird ein neues Ei gelegt. Die Eier sind total weich, damit sie natürlich nicht kaputt gehen, die Schale wird sich in den nächsten 48 Stunden verhärten.

Mucksmäuschenstill sitzen wir neben der Schildkröte und schauen diesem Phänomen atemlos zu. Wir haben uns natürlich beim Edgar „beschwert", dass wir keine Kamera mitnehmen durften. „Stock the memory in your brains", hat er gesagt. Und das machen wir. Wir beobachten jedes Detail und speichern die Atmosphäre und die Erinnerung im Hirn fest. Eine zweite Gruppe hat sich gemeldet, wir müssen kurz an die Seite, damit die zweite Gruppe zuschauen kann. Diese Gruppe wird von zwei Forschern begleitet, die auch gleich an die Arbeit gehen. Die Schildkröte wird von oben bis unten kontrolliert auf Verletzungen, gemessen, gewogen und beschrieben. Inzwischen legt die Schildkröten-Dame einfach weiter ihre Eier und lässt sich nicht stören.

Nach ungefähr einer halben Stunde ist sie fertig. Jetzt sammelt sie all ihre Kräfte um zuerst die Eier mit den Hinter-Flossen mit Sand zuzustopfen, damit eine Art Schutzhülle entsteht. Anschließend wird das Nest mit Sand zugeschüttet. Das macht sie wieder mit den Vorder-Flossen. Mit enormer Kraft wirft sie den Sand nach hinten über das Nest. Die Kraft dieses Tieres ist so enorm, dass wir auch in fünf Metern Distanz noch Sand abbekommen. Für die Kinder war es dann weniger lustig. Der

Sand wird mit so viel Kraft zurück geworfen, dass die Kinder den Sand genau in die Augen bekommen. Romy hat gerade auch etwas erzählt und den Sand mit offenem Mund aufgefangen. Hoppala! Mit Wasser spüle ich ihren Mund und ihre Augen wieder aus, dabei versuche ich noch, das Wasser nicht über ihre Kleidung zu schütten. Völlig sinnlos übrigens....

Aus dem Nichts kommt ein starker Wind auf und der Himmel färbt sich mega-schwarz. Die ersten Tropfen fallen vom Himmel. Ich ziehe Romy schnell die Regenjacke an, alles andere war nicht mehr möglich. Die kleinen winzigen Tropfen haben sich zu einem gigantischen Wolkenbruch entwickelt. Innerhalb von 3 bis 4 Sekunden sind wir echt durch und durch nass. Das Wasser steigt in den Bergschuhen bis zu den Knöcheln hinauf und auch im Rucksack steht eine Lache von fünf Zentimeter. Spätestens jetzt bin ich froh, dass ich keine Kamera mithabe. Gegen dieses Wetter hat wohl nichts Bestand! Die Schildkröte fährt jedoch ungestört mit ihrer Arbeit fort. Edgar fragt, ob wir noch bleiben möchten. Die Schildkröte ist fast mit dem Nest fertig und wird dann mit letzter Kraft zum Meer zurück krabbeln. Wir entscheiden zu gehen, die Kinder sind jetzt erledigt. Zuerst der Sand, dann der Regen und auch die Mitternachtszeit macht ein längeres Bleiben nicht gerade sinnvoll.

Wir wandern über die Landebahn zurück. Bei den Booten haben sich alle Touristen wieder gesammelt und wie Sardinen stehen wir gemeinsam unter einem Unterschlupf. Manche haben es sogar trocken dorthin geschafft. Wir treffen die andere Hälfte unserer Gruppe wieder. Die haben weniger Glück gehabt. Der Däne erzählt, dass sie eine Schildkröte gesehen haben, aber die Dame hat keinen geeigneten Platz für ein Nest gefunden und ist wieder im Meer verschwunden. Zwei andere Schildkröten waren bereits fertig mit Eierlegen und auch schon auf dem Weg zurück ins Wasser.

Erst jetzt realisieren wir, welches besondere Ereignis wir miterleben durften! Und im Hirn gespeichert!

Heliconia Island

In Guapiles wird das Gepäck vom Boot wieder in den Bus umgeladen. Wir bedanken uns ganz herzlich bei Edgar und fahren mit Luis, der dieses Mal rechtzeitig angekommen ist, weil der Weg nach San José wieder offen ist, zum Restaurant. Hier bedienen wir uns zum zweiten Mal köstlich vom Buffet und nach dem Kaffee besuchen wir andermal den kleinen Schmetterlingsgarten. Nach 3 Tagen in der Gruppe wird es Zeit uns auf eigene Füße zu stellen. Auf dem Parkplatz vor dem Restaurant stehen die Mietwagen bereit, den letzen davon übernehmen wir. Mit der Wegbeschreibung in der Hand machen wir uns aus dem Staub und fahren zu zweit gemütlich nach Sarapiqui.

Sarapiqui ist ein etwas exotisch klingender Name für ein langgezogenes Dorf zwischen endlosen Ananasfeldern. Auf Anhieb finden wir unsere Unterkunft für die nächsten zwei Nächte: Heliconia Island. Und so wie der Name schon verrät, befinden sich die vier Gästezimmer auf einer kleinen Insel. Über eine Brücke gelangen wir auf das Grundstück und werden gleich von Carolien, der holländischen Besitzerin, herzlich begrüßt. Sie führt gerade eine Gruppe über die Insel, Ihr Mann Henk übernimmt uns am Empfang. Wir werden zu unserem Zimmer gebracht, dort möchte ich in jedem Fall das Moskitonetz aufhängen. Romy ist heute Morgen aufgewacht und konnte ein Auge nicht mehr öffnen. Gleich drei Mückenstiche haben ihr ein riesiges Aug verpasst. Und noch mal dreißig bis vierzig Stiche sind über ihren und meinen Körper verteilt. Und jucken!!!!!! Fürchterlich!

Henk bringt uns ein Seil und wir sind froh, dass wir das Netz aufhängen können. Auch die nasse Wäsche von gestern Abend hängen wir draußen an der Balustrade zum Trocknen auf. Eingerichtet für die nächsten zwei Nächte wandern wir zum kleinen Restaurant für einen Kaffee und Romy möchte einen Saft. Die Getränke können wir aus dem Kühlschrank nehmen und aufschreiben. Die werden am Ende abgerechnet – praktisch! Henk und Carolien kamen schon einige Jahre nach Costa Rica auf Urlaub und haben sich dabei in dieses Land verliebt. Nachdem die Zwei ihre Pläne Holland zu verlassen etwas konkreter ausgearbeitet hatten, lief ihnen Heliconia Island über den Weg. Carolien und Henk waren gleich verliebt in diesen Standort und ich muss sagen, auch ich habe mich ein wenig in diese Unterkunft verliebt. Die Gästezimmer sind total nett, sauber und gemütlich. Ein Fernseher fehlt, aber ich habe ihn erst vermisst, nachdem Henk mich darauf hingewiesen hat. Der wunderschöne Garten, das gemütliche Restaurant und nicht zuletzt die Gastfreundlichkeit von Henk und Carolien! Aber ich bin mir nicht sicher, wie lange die Zwei hier bleiben möchten. Das Land ist sicherlich schön für einen Urlaub, aber dort wohnen, ist doch eine andere Sache. So muss immer jemand auf dem Gelände bleiben und fahren Henk und Carolien jeweils getrennt nach Holland auf Urlaub. Anscheinend ist die Kriminalität doch größer als wir bis jetzt bemerkt haben.

Carolien kommt mit der Gruppe von der Wanderung zurück. Maarten, Groundfloor Manager der Lufthansa des holländischen Flughafens Schiphol, ist mit seiner Frau und seinen zwei Töchtern schon eine Woche in Costa Rica und gemeinsam bestellen wir eine Pizza, welche in zirka 1,5 Stunden geliefert wird. Früher haben Henk und Carolien noch selbst gekocht. Jetzt gibt es einige Restaurants, die gutes Essen kochen und gratis liefern, wieso noch selbst kochen? Inzwischen sitzen wir gemütlich zusammen und unterhalten uns über die Reise und Costa Rica. Romy geht inzwischen im Garten auf Entdeckungsreise und findet kleine Frösche und Kolibris.

Es klingelt. Direkt vor der Brücke ist ein Bewegungsmelder angebracht, sobald jemand auf die Brücke steigt, klingelt eine Glocke. Henk schaut schnell nach, die Pizza ist da! Wir lassen es uns schmecken.

Zurück auf unserem Zimmer schreibt Romy all ihre Entdeckungen und Erlebnisse in ihr Tagebuch, versehen mit Zeichnungen. Ich schaue meine Bilder auf dem Laptop an und ärgere mich wieder über die schlechte Qualität. Auf dem Bildschirm der Kamera sind die Bilder wunderschön, am Bildschirm des Laptops urhässlich. Ich glaube, da muss mal ein Neuer her.

400 mm

Heute fahren wir zum biologischen Forschungszentrum La Selva. Hier erforschen Studenten der US-amerikanischen, puerto-ricanischen und costa-ricanischen Universitäten die ökologischen Zusammenhänge im tropischen Regenwald. La Selva ist in erster Linie eine wissenschaftliche Station, Besucher sind aber willkommen. Wir haben für 09.00 Uhr eine 3-stündige Wanderung reserviert und werden herzlich von Lenin begrüßt. Er ist Biologe und wird uns durch den Regenwald des Río Frío Gebietes begleiten.

In 1986 wurde der benachbarte Nationalpark Braulio Carrillo nach Norden erweitert und mit dem Río Frío Gebiet zusammen geschlossen, um eine zusammenhängende Schutzzone zu schaffen. Obwohl es hier rund 800 verschiedenen Baumarten, sowie Bromelien und Orchideen gibt, sind wir in erster Linie wegen der Säugetiere hier. Damit wir die Tiere auch finden und beobachten können, hat Lenin ein Teleskop-Fernrohr mit. Ich mache meine Kamera bereit und Lenin bietet mir an, mit seinem 400 mm Objektiv zu fotografieren. Er hat die gleiche Kamera, mein Objektiv geht nur bis 300 mm. Ich nehme das Angebot also gerne an!

Vollbepackt mit Fotoequipment wandern wir in den Nationalpark und stoßen gleich schon auf kleine Kolibris. Das Fernrohr wird aufgestellt, die Kamera gleich daneben. Ich weiß, dass ich niemals eine echte Tierfotografin werde. Die Geduld musst du mal haben!!! Ich bin mehr für die Spinnen. Die bleiben ganz ruhig in ihrem Netz sitzen, da kann man sich nähern, ruhig eine Belichtung und Bildkomposition ausdenken. Und mit der 400 mm gelingt es mir tatsächlich ein wunderschönes Bild von einer Spinne zu machen. Kinder und Geduld ist auch nicht wirklich eine gute Kombination beim Fotografieren – Romy will weiter!

Wir klappen Fernrohr- und Kamera-Stativ wieder zusammen, werfen es über die Schulter und wandern weiter. Über eine Hängebrücke gelangen wir in den Regenwald. Dort ist es dunkel und düster, die üppige Vegetation vielfältig und es wird immer schwieriger Tiere in diesem dichten Blätter-Chaos zu finden. Manche Sachen muss man auch wissen. So zeigt Lenin uns ein Bananenblatt, welches in der Mitte gefalzten ist. Darunter schlafen weiße Fledermäuse. Das Fell schaut wie ein kuscheliger Pelz aus und an den grünlichen Ohren erkennt man, dass es sich hier um ein Tier handelt. Nach 3 Stunden endet die Wanderung und wir verabschieden uns von Lenin.

Wieder bei unseren Vermietern angekommen, werden wir von neuen Gästen begrüßt. Wir sollen auch gleich etwas zum Abendessen aussuchen. Dieses Mal bestellen wir bei einem lokalen Restaurant und Henk wird das Essen später abholen. Unsere neuen, wiederum holländischen, Nachbarn bestellen ebenso. Sie sind mit ihren Kindern nach Costa Rica gereist, haben auch über Johan gebucht und folgen teilweise der gleichen Route wie wir. Romy kramt in unserem Zimmer herum, ich habe einen Cappuccino in der Hand und unterhalte mich mit unseren Nachbarn: Hans, Joke, Wieger und Jacqueline auf der gemütlichen Veranda.

Wir haben uns um 16 Uhr mit Carolien verabredet, sie wird uns durch den wunderschönen Garten auf der Insel führen. Und es ist erstaunlich, welche Tiere hier leben. Faultiere, Leguane, Gürteltiere, Baumstachelferkel und Eulen. Auch in der Pflanzenwelt sind hier zahlreiche exotische Stücke zu besichtigen: Gummibäume, Kakaobäume, Würgfeige, Kapokbaum und natürlich Heliconias. Die wunderschön gefärbten Kolibris sorgen dabei für die Bestäubung dieser Pflanzen. Carolien zeigt uns direkt hinter dem Hauptgebäude ein Kolibrinest - ein zartes, kleines Nest, wie die Kolibris selbst. Die zwei Eier schauen gleich groß und blau wie Viagra Tabletten aus. Aber wir haben das Kolibri-Weibchen erschreckt. Es fliegt wild zwischen ihrem Nest und uns herum, um das Nest zu verteidigen. Wir machen schnell ein Foto und lassen sie weiter in Ruhe. Dann bekommen wir die Gelegenheit das „Haustier" – einen Rotaugenlaubfrosch – zu besichtigen. Dieser Frosch ist das Merkmal Costa Ricas, obwohl er eigentlich hauptsächlich in Panama vorkommt.

Henk ist inzwischen zurück gekommen und hat außer dem köstlichen Abendessen auch eine Telefonwertkarte und Anti-Mückenjuck-Salbe für uns mitgenommen. Wir genießen unser Abendessen mit Reis, Huhn und Gemüse im Heliconia Island Restaurant gemeinsam mit der anderen Familie, Henk und Carolien, etwas später kommen Paula und Maarten mit ihren Kindern auch dazu. Wir genießen die holländische Gemütlichkeit und Geselligkeit bis in die späten Abendstunden.

Obwohl wir direkt bei der Ankunft das Moskito Netz aufgehängt haben, habe ich noch keine Mücken gesehen. Aber wir werden total verrückt vom Juckreiz der „Tortuguero-Bisse", das werden wohl keine Mücken gewesen sein, und bleiben besser unter dem Netz! Und unsere Wäsche ist noch immer nass. Es ist mir ein Rätsel, wie die Wäsche bei über 90 % Luftfeuchtigkeit überhaupt trocknen soll. Ich hole sie für die Nacht lieber rein. Es schaut doch blöd aus, wenn ein Faultier mit meiner Unterhose durch den Garten spazieren gehen würde....

Ein Stückchen Himmel

Nach dem Frühstück schreiben wir noch einige Zeilen in das kleine Gästebuch. Ich lese, dass auch andere TRAVELKID-Kunden die Unterkunft sehr genossen haben. Das freut mich natürlich besonders! Wir bezahlen die Getränke, das Abendessen, die Anti-Juck-Creme, die Telefonkarte und packen unser Gepäck wieder ein. Mit den Koffern in der Hand wandern wir von der Insel über die kleine Brücke zum Auto und laden das Gepäck ein. Am Anfang der Sackgasse, direkt bei der Hauptstraße, habe ich eine Telefonzelle gesehen. Mal schauen ob wir Romy's Papa ein Lebenszeichen schicken können, mein Telefon geht nämlich noch immer nicht. Ich kratze den Code auf der Karte frei, drücke dann 199 und eine freundliche Stimme fragt, ob ich die Handlungen in Spanisch oder Englisch hören möchte. Dann gebe ich den Code der Telefonkarte ein, wähle die Nummer… es funktioniert!

Wir brechen in nördlicher Richtung auf, biegen bei Sarapiqui nach links und folgen diesem Weg bis San Miguel. Romy hat nicht viel gefrühstückt und auf der Straße, die wir gerade fahren, kurvt es ordentlich. Obwohl ich relativ langsam fahre, ist ihr gleich wieder schlecht. Ich muss an Evi van der Veken denken. Wir haben gesehen, dass sie sogenannte SEA Bänder um hat. Man trägt sie wie ein Armband an beiden Handgelenken. Auf der Innenseite des Bandes befindet sich ein Knopf, der einen leichten

Druck an der Innenseite des Armes zwischen den Sehnen auf einen Akupressur-Punkt ausübt. Dies hat eine beruhigende Wirkung auf den Magen, entspannt und löst die innere Unruhe. Das sollte in wenigen Minuten gegen die Reiseübelkeit helfen. Jetzt hilft es natürlich nichts, aber ich muss in Österreich beim Apotheker mal nachfragen. (Kostet 14,95 Euro und funktioniert wirklich!)

In jeden Fall glaube ich, dass diese heutige Übelkeit eher mit nichts Essen zu tun hat. In San Miguel halte ich bei einem Supermarkt an und bin überrascht von der Größe des Geschäfts und seinem enormen Angebot. Wir kaufen Obst, Kekse, Yoghurt, Wasser und bei der Kasse befindet sich eine kleine Bäckerei, wo ein frisches, noch warmes Baguette uns anlächelt. Ich zahle 7.000 Colon und Romy knabbert im Auto gleich das halbe Baguette auf. Und auf einen Schlag ist die Übelkeit weg. Das Baguette hat hier eindeutig vor den SEA Bändern gewonnen!

Zum ersten Mal bekommen wir einen guten Eindruck von der Lebensweise der Ticos. Die Dörfer sind sehr übersichtlich, die Häuser eher klein ohne Stockwerk und ein hässliches Gitter trennt das Haus von der Umgebung. Sogar die Terrasse befindet sich hinter dem Gitter. „Das finden wir schön", hat Luis uns erklärt. Wenn ich jeden Tag in meinem Garten hinter Gittern sitzen muss, würde mir die Lust am draußen sitzen ehrlich gesagt vergehen. Andere Länder, andere Sitten. An manchen Strommasten hängen so viele Stromleitungen, dass es entlang der Straßen ausschaut, als ob Weihnachtsschmuck aufgehängt wurde. Manchmal hängt so ein Wirrwarr an Kabeln an einem Pfosten, dass niemand es sehen würde, wenn illegal Strom angezapft wird. Die Stromzähler sind übrigens direkt an der Straße ablesbar.

Überall sind Radfahrer mit ganzen Geschäften, Möbeln und anderen Gütern auf der Straße unterwegs und rundherum siehst du die prachtvolle grüne Natur. Ich glaube, dass wenn ich hier einen Apfelkern ausspucke, dort innerhalb kürzester Zeit ein Apfelbaum wachsen wird. Costa Rica macht sehr viel Werbung für seine Nationalparks und ist bekannt für seine üppige Vegetation. Im Gegensatz zu diesem Image gehen die Ticos nicht gerade sparsam mit ihrer Natur um. Überall liegt Müll verstreut und alles wird aus dem Auto geworfen. „Es hat sehr lange gedauert", hat Carolien, von Heliconia Island erzählt, „bis ich den Gärtner so weit hatte, dass er endlich den Plastikmüll in einen Plastikmüllcontainer schmeißt. Als er dann bemerkt hat, dass seine Arbeitshandschuhe kaputt waren, hat er sie in den Fluss geworfen." „Das ist doch kein Plastik", hat er gesagt....

In Aquas Zarcas nehmen wir die Ausfahrt nach Pital, wo die asphaltierte Straße schlagartig aufhört. Eine 35 Kilometer lange Schotterstraße führt bis zum Boca Tapada. Aber keine Schotterstraße wie in Namibia. Da hast du noch 80 KMH fahren können, oder schneller... *(Lese auch Elefantenspuren – mit meiner Tochter auf Abenteuerreise durch Namibia – ISBN 978-3-7431-5442-1)*. Nein, auf dieser Straße ist bei 40 KMH Schluss. Weniger geht auch nicht, dann wirst du ordentlich durchgeschüttelt. Große Steine liegen auf der Straße und in der Straße befinden sich Löcher so groß wie Fußbälle. Der Verkehr hört auch schlagartig auf und das ist gut so. Ich benötige teilweise die ganze Straße um den Steinen und Löchern auszuweichen und doch etwas Speed zu halten. Wir fahren an großen Ananas-Plantagen vorbei, zahlreiche Männer sitzen auf der Ladefläche der vorbeifahrenden Pick-ups und werden zu den Fabriken gebracht. Es ist Erntezeit und die Ananas gehören gepflückt. Wir halten neben einer Plantage bei der Bushaltestelle an und machen es uns dort gemütlich. Ich habe von Heliconia Island warmes Wasser in der Thermokanne mitgenommen und mache uns einen Cappuccino und warmen Kakao. Dazu Baguette, Bananen, Yoghurt und Kekse. Ein köstliches Mittagessen!

Es sind es noch 30 Kilometer bis Boca Tapada. Die Reise geht weiter entlang dem Rio San Carlos. Während „Froggi" uns ziemlich durcheinander schüttelt, mache ich die Fenster auf. Ich bin kein Fan von Air-Conditioning, ich möchte das Land lieber riechen, schmecken und fühlen. Ab und zu steht ein kleines Häuschen neben dem Fluss und da hängt immer viel Wäsche in den Gärten. Logisch, weil die Wäsche bei dieser Luftfeuchtigkeit kaum trocknen wird, so habe ich bei meiner eigenen Wäsche bereits festgestellt. Ein Schulbus muss sauber gemacht werden und wird einfach in den Fluss geparkt. Aber echt staunen tun wir, wenn wir eine Ambulanz überholen. Wenn du hier ein gebrochenes Bein hast, oder schlimmer... Du brauchst ewig bist du in einem Krankenhaus bist und es wird sicherlich weh tun!

Ewig kommt uns auch der Weg nach Boca Tapada vor, aber bereits nach einer Stunde stehen wir bei Don Marco junior und senior vor der Türe. Die Pedacito de Cielo Lodge kommt mir wie eine kleine Oase vor. Die Anlage besteht aus einzelnen kleinen rustikalen, aus Holz aufgezogenen, Häuschen. Unseres hat sozusagen zwei Stockwerke, welche durch eine Holzstufe mit einander verbunden sind. Das Bett ist aus Holz, das Kästchen, der Kleiderschrank, alles aus Holz. Im Badezimmer sind sogar die Handtuchhalterungen und Vorhängestangen aus Holz. Daneben hängen große Kimberly Clark Papier-Handtuch-, Klopapier- und Seifenhalterungen. Alles leer. Die Idee wird mal da gewesen sein, aber ich glaube nicht, dass Kimberly Clark heutzutage hier Handtücher, Klopapier und Seife liefern wird. Auf dem Bett sind die Handtücher wie Schwäne zusammen gerollt und hingestellt, kleine orange Blumen sind liebevoll auf dem Bett verstreut worden. Das Beste befindet sich an der Rückseite unseres Häuschens. Wir haben dort eine kleine Veranda mit 2 Hänge-Schaukelstühlen! Hier können wir so richtig Faulenzen. Direkt vor der Veranda steht ein riesiger Baum, wo Leguane, Kolibris und andere Vögel zu Hause sind. Auch im Garten ist viel zu sehen. So liegen grüne Iguane in der Wiese und hat Marco eine Traube reife Bananen in einem Baum aufgehängt, wo Aracaris, Wellensittiche und Tukane sich köstlich bedienen. Ein herrlicher Ort!

Es ist warm; die Luftfeuchtigkeit ist erbärmlich hoch. Wir ziehen einen Bikini an und machen es uns, mit einem kalten Getränk und einen Sack Chips, gemütlich in unseren Hänge-Schaukelstühlen. Romy liest in einem neuen Buch, ich muss dringend die Erlebnisse und Eindrücke der letzten Stunden in meinem Tagebuch festhalten. Die Texte sollte ich wirklich innerhalb von 24 Stunden schreiben, sonst vergesse ich die kleinen Details. Und genau die Kleinigkeiten machen, meiner Meinung nach, die Geschichte lebendig.

Wir sind heute die einzigen Gäste und Marco hat einen Tisch liebevoll und speziell für uns zwei gedeckt. „Dürfen wir auf der kleinen Plattform essen?", frage ich Marco. Von dort haben wir eine traumhafte Aussicht über den Fluss. Das Besteck und die Gläser werden umgesiedelt und wir genießen das perfekte Ambiente. Marco hat Beef und gegrilltes Gemüse für uns gekocht und wir bekommen eine Gemüsesuppe als Vorspeise. Inzwischen werden wir, trotz Anti-Mücken-Creme und Zitronen-Kerze, wieder von Mücken belagert.

Nach dem Abendessen spazieren wir zu unserem Häuschen zurück und stolpern fast über einen Frosch. Und was für einen! Er ist sicherlich 15 Zentimeter hoch, 18 Zentimeter lang. Ein Giant-Frog. „Der wohnt hier und kommt jeden Abend mal schauen" sagt Marco. Im Zimmer richte ich das Moskito-Netz her, jage die Flöhe aus dem Bett und lege mich gemütlich neben Romy. Wir lassen den Tag noch mal an uns vorüber ziehen und mit den Klängen des Dschungels schlafen wir ein.

Dschungelfieber

Am nächsten Tag melden wir uns um Punkt 8 Uhr bei Hugo, unserem Wanderführer. Wir sind mit langer Hose, Bergschuhen, Regenjacken, Wasser, Keksen und viiiiel Moskitospray ausgestattet. Hugo nimmt uns heute mit auf eine Wanderung durch den Dschungel. Er ist mit einem 70 Zentimeter langen Schwert und Gummistiefeln bewaffnet und begrüßt uns herzlich. Ich nehme meine Fotoausrüstung mit, Romy hat ihr Tierbuch und Fernglas im Rucksack. Dann steigen wir in „Froggi" ein, Hugo und sein Schwert fahren mit uns mit zur Biologica Reserva de San Juan, ein kleines Reservat, welches zur Pedacito de Cielo Lodge gehört.

Am Anfang der Wanderung queren wir einen ziemlich schlammigen Pfad. Spätestens jetzt verstehe ich, warum Hugo Stiefel trägt. Unsere Hosen sind in kürzester Zeit lehmrot und voller Schmutz. Und er besteht darauf, meinen Rucksack zu tragen - da hat er noch nicht gewusst, was alles drinnen ist... Gleich entdecken wir einen grünschwarzen Giftpfeilfrosch, welchen ich ausgiebig fotografiere. Es ist heute zum ersten Mal, dass gleich in der Früh die Sonne schon sehr kräftig scheint. Die Luftfeuchtigkeit ist in dem dichten Wald so hoch, es ist fast zum Ersticken. Gott sei Dank bringen die Bäume etwas Schatten. Die Pfade des Dschungels sind sehr gut angelegt und es schaut ordentlich gepflegt aus. Sobald ein Blatt oder Ast auf dem Weg herum liegt, holt Hugo sein Schwert aus der Halterung, zerstückelt es und schmeißt es an die Seite. Er sorgt mit Leib und Seele für diese Dschungelpfade!

Die Sonne scheint durch die Bäume und verströmt ein traumhaftes Licht. Wieder kann ich einige wunderschöne Eindrücke bildlich festhalten. So dreht der Stamm eines Baumes sich komisch in einander, wie eine Spirale. „Eine Affen-Treppe", sagt Hugo. Wir haben ihn gebeten eher etwas weniger zu wandern, stattdessen viele Tiere zu finden und noch mehr zu fotografieren. So kann ich große Spinnennetze, ein kleines Bienennest und einen Kaffee-Frosch ruhig fotografieren. Nach einer Stunde stehen wir auf einer Kreuzung und Hugo fragt: „wollt ihr schon zurück gehen?". Es gefällt Romy eigentlich sehr gut im Dschungel und auch ich habe Spaß an der Wanderung. „Nein, wir möchten lieber weiter gehen."

„Okay, dann hier nach rechts", deutet Hugo an. Wo denn? Ich sehe nur einen Graben, darüber eine Brücke – lies: ein riesiger Baumstamm und ein wackeliges Geländer. Behutsam hilft Hugo Romy über den spiegelglatten Baumstamm. Ich folge in geeigneter Distanz und möchte die Zwei fotografieren. Der Graben ist doch etwas tief und ich realisiere, dass ich die Kamera besser an den Handschlaufen festhalten soll. In dem Moment rutscht mein Fuß von dem spiegelglatten Baum weg. Ich kann mich aber gerade noch am Wackelgeländer abstützen und lande auf meinem Hintern, ein Bein rechts, ein Bein links vom Baumstamm. Hugo erschrickt sich fast zu Tode, aber mir geht es gut und ich habe die Kamera noch in der Hand – das Wichtigste! Und auch das Foto ist traumhaft schön geworden. Später hören wir von Gästen, dass einer sich aus Spaß über das Geländer gebeugt hat und samt diesem und Fotokamera in der Hand 3 Meter tiefer im Graben knietief im Wasser gelandet ist!

Unterwegs finden wir einen Termitenbau und eine Höhle mit echt mega-großen Ameisen, sogenannten Bullet-Ants. Wenn du von diesen Tieren gebissen wirst, tut das weh – höllisch weh! Hugo und Romy versuchen Brüllaffen, die sich in der Ferne aufhalten, anzulocken. Inzwischen probiere ich die blatttragenden Ameisen mit dem Makro-Objektiv zu fotografieren. Aber dafür muss ich mich im Matsch hinlegen, das freut mich eigentlich nicht wirklich. Ich weiß, dass manche Kollegen alles tun für ein gutes Foto, ich aber nicht. Wir werden diese Ameisen noch öfters sehen, ich probiere es später noch mal, ohne Matsch!!! Ohne Ameisenbild und ohne Affenbild, weil das Herlocken nicht geklappt hat, geht die Wanderung weiter. Romy hat die Technik von Hugo abgeschaut und sich mit einem Ast ausgestattet. Damit mäht auch sie alles was auf dem Dschungelpfad herum hängt, weg. Sie rennt und springt über die umgefallenen Bäume - es ist echt lustig, ihr zuzuschauen, wie sie Spaß an der Wanderung hat!

Wir wandern bereits 2 Stunden als Hugo fragt, ob wir uns eine Lagune anschauen möchten und ja, auch das möchten wir. Wir treffen einen kleinen See voller weiß blühender Wasserlilien an. Am Anlegeplatz ist ein kleines Boot angebunden. Romy zieht ihre Schuhe aus und steigt in das Boot. Da steht zehn Zentimeter hoch das Wasser drinnen, sicherlich vom gestrigen Regenguss. Wir relaxen hier eine Weile, dann ist es uns in der brennenden Sonne einfach viel zu heiß. Wir fahren zurück zum Hotel, verabschieden uns von Hugo und springen gleich unter die eiskalte Dusche. Inzwischen bereitet Marco ein Sandwich für uns.

Da ist im Garten soviel zu sehen, dass wir uns nicht viel Zeit für das Sandwich gönnen. Direkt neben dem Restaurant liegt ein enormer Leguan auf einem Ast im Baum – ich schätze er ist fast 1,5 Meter lang. Die Wellensittiche essen von den reifen Bananen, die in einem anderen Baum vor dem Restaurant hängen und wunderschön grün gefärbte Iguanen rasten im genau so grünen Gras. Und alles muss natürlich bildlich festgehalten werden.

Es dauert noch eine Stunde, bis wir für eine Bootsfahrt abgeholt werden und rasten inzwischen noch eine Weile auf der Terrasse in unseren komfortablen Hängestühlen. Ein kleiner Leguan leistet uns Gesellschaft und wir können uns ihm bis zu einem halben Meter nähern und ihn fotografieren. Das Tier ist wunderschön mit vielen verschiedenen Grün- und Blautönen.

„Señora, el barco es aquí". Jetzt schon? Wir packen schnell unsere Sachen und sausen zum Boot. Dort werden wir von Ramon, dem Reiseleiter und Paco, dem Kapitän begrüßt. Und froh bin ich, als ich sehe, dass das Boot ein Dach hat. In der Schnelligkeit habe ich sowohl unsere Regenjacken als auch die Sonnenschutzcreme liegen lassen. Wir gehen zwei Stunden mit den beiden Männern auf die Jagd nach Alligatoren und Schildkröten. Während wir es uns im Boot gemütlich machen, steuert Paco entlang kleiner Dörfer. Ramon erzählt, dass vor einem Jahr auf der kleinen Schule noch eine Lehrerin gearbeitet hat. Sie hat ein Kind unterrichtet. Dieses Jahr geht kein Kind mehr in diese Schule und die Lehrerin ist gekündigt worden. „Die kleine Fähre", so erzählt Ramon weiter, „hat früher mal funktioniert. Jetzt liegt sie kaputt am Ufer und verrottet langsam." Als Alternative haben die Einheimischen zahlreiche Kanu-Boote im Wasser liegen. Und die Kinder haben riesigen Spaß – sie springen und plantschen im Fluss…

Wir nähern uns einer Schildkröte. Sie liegt herrlich in der Sonne auf einem Baumstamm, der aus dem Wasser heraus ragt. Ihre Pfoten hängen rechts und links den Baumstamm hinunter – na, das schaut witzig aus! Bis wir dann zu nah kommen und plumps, weg ist sie. Und Alligatoren. Immer wieder sehen wir diese Tiere, die sicherlich 2 bis 3 Meter lang sind und wovor ich doch einigen Respekt habe. Und dann geht es hier aber noch um eine kleine Ausgabe! Und die Kinder springen und plantschen 100 Meter weiter unbesorgt im gleichen Fluss…

Wir nähern uns der Grenze von Nicaragua. Am linken Ufer befinden sich das letzte Dorf Costa Ricas, die letzte Bar, das letzte Polizeiamt und die letzte Telefonzelle Costa Ricas. Und das gleiche an der anderen Seite des Ufers, aber dann das erste Dorf Nicaraguas, die erste Bar, das erste Polizeiamt und auch hier die erste Telefonzelle Nicaraguas. Dazwischen fahren wir mit unserem Boot im Niemandsland. „Ich glaube, wir sind jetzt in Nicaragua", sagt Ramon. Natürlich möchten wir keine Probleme mit der Grenzbehörde, wir sind ohne Visum und ohne Stempel in den Reisepässen jetzt illegal unterwegs. Ein Polizist hält am Ufer Wache, behält uns genau im Auge und Paco dreht das Boot schnell wieder um. Der Polizist drückt ein Auge zu und wir dürfen wieder nach Costa Rica „einreisen".

Die Sonne ist inzwischen hinter den Wolken verschwunden, es wird deutlich dunkler am Himmel und eine Brise kommt auf. Wieder bei unserer Unterkunft angekommen, begrüßen wir Henk, Joke und die Kinder - die holländische Familie, die wir bereits in Sarapiqui kennen gelernt haben. Schnell werden die Reiseberichte der letzten Tage ausgewechselt und ein Termin für das Abendessen vereinbart. Es wird jetzt wirklich sehr dunkel und die Brise hat sich zu einem kräftigen Wind entwickelt. Blätter und Äste fliegen durch die Luft. Es wird Zeit, dass wir in unser Zimmer kommen und rennen schnell zur Haustüre. Die Türe noch nicht ganz zugemacht, fällt der Regen wie programmiert aus dem Himmel, und wie!!!

Ich habe bei Marco im letzten Augenblick noch zwei Tassen heißes Wasser geholt und mitgenommen. Ich serviere herrlichen Cappuccino für mich. Romy wünscht sich einen Kakao, für dieses Wetter genau das richtige Getränk! Der Regen prasselt an die Fenster und wir machen es uns in unserem Häuschen gemütlich. Romy malt in ihrem Tagebuch. Dieses Mal den grün/schwarzen Giftpfeilfrosch, einen Papagei und sie schreibt, dass es jeden Tag regnet. Ja, das stimmt! Aber es stört eigentlich nicht. Es ist am Vormittag immer schön und wir können einiges unternehmen. Regnen tut es auch nur kurz und heftig, dabei wird es aber nicht kalt! Ich fange an, unsere Koffer wieder einzupacken. Endlich sind die Kleider, die in Tortuguero nass geworden sind, trocken. Ich habe die Kleidung am Geländer aufgehängt. Der Ventilator wird den Rest der Arbeit gemacht haben. Morgen geht die Reise weiter Richtung Westen.

Zum Abendessen ziehen wir uns zum ersten Mal etwas Wärmeres an. Der Regen hat die Luft doch leicht abgekühlt. Während wir zum Restaurant hinüber spazieren, fängt Romy zum Weinen an. Sie hat solche schrecklichen Krämpfe in ihren Füßen. Ich nehme an von der Wanderung. Vielleicht sind ihre Bergschuhe zu klein? Ich versuche die Krämpfe mit Massagen zu lösen, dann probiere ich es mit ablenken, aber leider lassen die Krämpfe nicht nach. Wie verabredet, sitzt die holländische Familie am Tisch neben uns. Wir erzählen von unseren Reise-Erfahrungen im Dschungel und am Fluss, bis die Suppe serviert wird. Romy hat sich einen kleinen Teller mit Reis bestellt, ich bekomme nach der Suppe einen Teller mit Essen für sicherlich 3 Personen. Soviel Essen, dazu noch ein Salat, das ist echt zu viel für mich alleine! Langsam lassen die Krämpfe bei Romy nach und mit einem Glass Wein in der Hand unterhalte ich mich noch eine Weile mit Henk und Joke, bevor wir uns müde ins Bett legen.

Plastifizierte Karte erhältlich in Tortuguero Nationalpark

Wanderung mit Ranger Hugo in La Selva, Sarapiqui

Mittagspause bei der Bushaltestelle Boca Tapada

Dschungelwanderung Biologica Reserva de San Juan

El Arenal Vulkan in 2010 noch aktiv, inzwischen ruhend.

Reittour bei den Cowboys mit den Van der Vekens

Vulkanstaunen

Nach dem Frühstück verabschieden wir uns von Marco und seiner Familie. Die holländische Familie werden wir morgen in Arenal noch mal treffen. Wir lenken „Froggi" auf dem Schotterweg zurück nach Pital. Die Straße ist jetzt stellenweise viel schlechter als noch vor zwei Tagen. Die Gewitterfront von gestern Abend hat hier massive Schäden hinterlassen. Unterwegs halte ich mehrmals an und mache zahlreiche Fotos von der saftig grünen Umgebung und den Schlaglöchern in der Straße. Direkt neben der Straße sitzt ein schwarzer Geier auf einem Pfosten. Während ich die Kamera einstelle, hat Romy an der anderen Straßenseite zwei grünen Macaws (Aras) in den Bäumen entdeckt. Diese Vögel haben wir bisher noch nicht gesehen – die sind aber wunderschön! Natürlich habe ich das falsche Objektiv auf der Kamera und dann, wenn die Kamera endlich bereit ist, sind die Vögel schon längst geflogen – logisch!

Während wir gemütlich nach Pital fahren, geht das tägliche Leben in den Dörfern entlang der Straße einfach weiter. Ein Mann mäht das Gras im Bankett, zwei andere Männer treiben mit ihren Pferden die Kühe zum Stall, andere Dörfler sind zu Fuß, mit dem Motorrad oder mit dem Auto einfach unterwegs. Die robusten Arbeiter der Ananas-Plantagen werden auch heute wieder hinten auf der Ladefläche des Pickups transportiert und zur Arbeitsstelle gebracht. Wir sind bei der Bushaltestelle angekommen, wo wir auf dem Hinweg eine Pause gemacht haben. Jetzt halte ich nicht an sondern fahre noch 10 Minuten weiter nach Pital. Da, wo der Asphalt wieder anfängt, befindet sich an der rechten Straßenseite ein Supermarkt und ich parke das Auto direkt vor der Türe. Wir benötigen neue Vorräte: Obst, Kekse, Nüsse, Wasser und etwas Süßes. An der gegenüber liegenden Straßenseite befindet sich eine Panaderia – eine Bäckerei, wo ein frisches, noch warmes Baguette uns wieder anlächelt. Wir nehmen alles mit - das müsste für ein späteres Picknick beim Wasserfall in Fortuna reichen. Ich habe vor der Abreise bei Marco noch meine Thermoskanne mit warmem Wasser füllen lassen, damit ist in jedem Fall mein Cappuccino gesichert.

Vollgepackt geht die Reise auf der Asphaltstraße in westlicher Richtung weiter, mit Fortuna und dem Vulkan als Ziel. Wir biegen bei der Kreuzung in Aquas Zarcas rechts ein und da am Horizont steht er: „El Arenal!" Zumindest glaube ich das. Weil der einzige hohe Berg, der zumindest wie ein Vulkan ausschaut, hat sich hinter der Wolkendecke versteckt. Der Vulkan El Arenal ist der aktivste und zugleich der jüngste Vulkan von Costa Rica, sowie einer der aktivsten Vulkane der Welt. (Seit 2014 ist der Vulkan ruhend.) Regelmäßig fließt Lava an den Hängen ins Tal hinunter und immer wieder wirft er glühende Gesteinsbrocken mit bis zu 7,5 m Durchmesser etwa 300 Meter in den Himmel.

Am 29. Juli 1968, bei seinem letzten großen Ausbruch, zerstörte er die Ortschaften Pueblo Nuevo und Tabacon, die Überbleibsel können heute noch besichtigt werden. Bei diesem Ausbruch kamen 87 Menschen ums Leben und im Gipfelbereich, sowie an der Westflanke des Kegels wurden 640 Millionen Kubikmeter Lava und 35 Millionen Kubikmeter Tephra ausgestoßen. Bis zu seiner Erstbesteigung 1937 glaubte man noch nicht an den vulkanischen Ursprung des ca. 1670 m hohen Berges, da der Vulkan damals auch noch völlig bewachsen war. El Arenal zeigte etwa 400 Jahre lang keinerlei Aktivität, jetzt wächst der Vulkan jährlich um mehrere Meter, da sich die Lava rund um den Krater aufhäuft.

Am Fuße des Vulkans liegt die kleine Ortschaft Fortuna, eine Stadt, die auf keiner Costa Rica Reisen fehlen sollte. Ich habe den Island-Vulkanausbruch 2010 noch im Hinterkopf. Und was den Einen eher enttäuscht, war für mich eher beruhigend, Fortuna liegt an der ruhenden Seite des Vulkans. Rundum Fortuna kannst du am Fuße des Vulkans wandern oder in den Thermalquellen von Hot Springs herrlich baden. Von den Thermalbädern hast du eine 50%ige Chance auf eine unbewölkte Sicht auf den Vulkan und wenn du ganz viel Glück hast, fließt auch noch rote Lava… Es sollte wirklich ein besonderes Erlebnis sein, in den heißen Quellen zu liegen und dem Vulkan zuzusehen!

Aber so weit sind wir noch nicht. Wir folgen zuerst über 70 Kilometer der Straße nach Fortuna. Obwohl du überall hörst und liest, dass die Straßen in Costa Rica so schlecht sind, würde ich beim besten Willen nicht wissen, was da schlecht ist. Okay, es gibt immer wieder ein Loch in der

Straße, aber da muss man einfach etwas aufpassen. Sonst ist die Straße, meiner Meinung nach, gut asphaltiert, fast überall 2-spurig, wenig befahren und es gibt immer gute Möglichkeiten zu überholen. Wir fahren meistens 80 KMH, manchmal gibt es eine Beschränkung von 60, in den Dörfern 40 und bei einer Schule nur 25 Kilometer. Und daran halten sich die wenigsten. Auch heute ist wenig Verkehr auf der Straße und trotz mehrerer Fotostopps kommen wir flott voran. Es ist erst 11 Uhr, als ich „Froggie" durch die Straßen Fortunas lenke. Bevor wir aber zum Hotel weiterfahren, plane ich beim Wasserfall von Fortuna, der ca. 5 km südlich der Stadt liegt, einen Zwischenstopp. Du kannst den Weg zum Wasser-fall vom Ort aus mit einem Fahrrad oder auf dem Rücken eines Pferdes zurücklegen. Wir fahren selbstverständlich mit unserem Auto zum Eingang. Vollgepackt mit Schwimmsachen, Picknick- und Fotomaterial kaufen wir bei der Kassa zuerst ein Ticket. Ich zahle 4600 Colon, Romy darf wieder gratis hinein. Dieses Mal müssen wir uns auch noch registrieren lassen und tragen unsere Namen brav in ein Buch ein. Um zum Wasserfall zu gelangen, ist direkt nach dem Eingang eine Stiege mit zahlreichen Stufen nach unten zu bewältigen. Manche Besucher sind mit Flip Flops unterwegs, aber die Steine sind teilweise durch die Algen und die Feuchtigkeit doch ziemlich rutschig. Unsere Bergschuhe sind aber auch etwas übertrieben... Die Umgebung ist selbstverständlich wunderschön und auch hier sind alle Grüntöne vorhanden. Jeder Ast, jeder Stein ist üppig bewachsen mit noch mehr grün, du hörst die Vögel zwitschern und die Grillen zirpen. Im Hintergrund stürzt sich der Wasserfall aus einer Höhe von zirka 70 Metern mit unglaublicher Kraft in ein natürliches Auffangbecken in die Tiefe.

Es dauert nur kurze 30 Minuten bis wir unten sind. Von hier aus klettern wir über Steine, welche am Wasserrand liegen, etwas näher zum Wasserfall, bis wir einen schönen Platz gefunden haben. Romy zieht sich ihre Badesachen an und ich beginne gleich zu Fotografieren. Die Sonne kommt gerade heraus, das Licht ist wunderschön und diese Atmosphäre möchte ich mit meinem neuen Grau-Filter einfangen. Das Wasser im Bachlauf ist erschreckend kalt und Romy steigt nur mit den Füßen ins Wasser: „ich erfriere sonst!". Etwas weiter Flussabwärts schwimmt ein Schwarm Fische, Kinder versuchen die Fische zu fangen. Romy wandert hin und versucht den Jungen zu helfen. Sie wirft ihr Mittagessen – lies: das frische köstliche und noch warme Baguette – zu den Fischen. Die springen hungrig aus dem Wasser heraus. Jetzt wird es noch lustiger die Fische zu fangen. Gelingen tut es den Kindern natürlich nicht...

Genüsslich schlürfe ich meinen Cappuccino und schaue die köstliche Szene an. In der Ferne hört man ständig laute Schreie. Tapfere Jungs springen in der Nähe des Wasserfalls in das Auffangbecken hinein. Mutig, weil das Wasser doch mit ziemlicher Kraft hinunter donnert und außerdem echt eiskalt ist. Es sind nicht nur Touristen, die sich hier aufhalten. Auch Ticos erfrischen sich in dem kalten Wasser, Pärchen sitzen romantisch auf den Steinen und genießen. In kürzester Zeit stehen über 100 Fotos auf meiner Kamera. Die Qualität des neuen Filters ist echt erstaunlich und ich bin mit dem Resultat sehr zufrieden.

Zwei Stunden lang genießen wir das tolle Ambiente, dann klettern wir die 300 Stufen wieder nach oben. Die Luftfeuchtigkeit ist erbärmlich hoch und, ha, ha, ganz intelligent, lassen wir die Badesachen an. Oben angekommen sind wir durchnässt vom Schweiß. Nicht dass die Kondition nicht passt - Nein, wenn du nur schon einen Arm hochhebst, schwitzt du schon! In den Waschräumen trocknen wir uns schnell ab, ziehen saubere Kleidung an und fahren weiter nach Fortuna.

Ich habe bemerkt, dass sich die Fenster im Auto nicht mehr öffnen lassen. Nur mein Fenster funktioniert noch. Bin ich doch etwas zu schnell über die Holperstraßen gefahren??? In Fortuna habe ich eine Alamo Agentur gesehen und ich fahre dort gleich vorbei. Der nette Kerl erklärt, wenn die Türverriegelung eingeschaltet wird, die Fenster sich automatisch verriegeln – Oh, Frauen und Technik würde ich sagen!!

Wir fahren durch Fortuna durch. Ein lebhafter Ort mit mexikanischen und italienischen Restaurants, farbenfrohen Souvenirshops und gut besuchten Anbietern von Tagesausflügen. Der Vulkan liegt jetzt majestätisch vor uns und endlich ist ein großer Teil des Kraters zu sehen. Ich bleibe gleich stehen und versuche den Vulkan zu fotografieren. Das sind die ersten 20 von letztendlich über 400 Bilder des Vulkans!

Bis zum Arenal Springs Hotel sind es noch sieben Kilometer. Unterwegs passieren wir enorme neue Lodges und Spa`s, sowie andere touristische Einrichtungen. Die kleine Stadt floriert durch den Vulkan, soviel ist sicher. Unser Resort liegt etwas außerhalb des Ortes, verfügt über ein Restaurant und Schwimmbad, gratis Internet, Reitstall, Reisebüro und kleinen Shop. Wir bekommen ein schickes `all-inklusive-Hotel-Armband` umgehängt, „for security reasons", sagt die Rezeptionistin! Und Zimmer Nummer 901 gehört uns. Wir fahren mit dem Auto über das wunderschön gepflegte Gelände und finden Bungalow Nummer 901 auf Anhieb. Aber aus Bungalow Nummer 902 kommt Musik, laute Musik und ein Zettel „nicht stören" ziert die Türe. Ich drehe mit dem Auto gleich um und fahre zurück zur Rezeption. Weil DA möchte ich nicht schlafen! Ich habe keine Lust 3 Tage zu betteln ob die Musik etwas leiser gestellt werden kann. Die freundliche Dame hinter der Rezeption versteht das und geht auf die Suche nach einem anderen Zimmer. In der Zwischenzeit setzen Romy und ich uns hinter die freien Computer. Romy loggt sich auf Spielaffe.de ein und für mich wird es höchste Zeit meine E-Mails zu lesen. Der Computer ist nicht nur langsam, auch die Zeichen auf der Tastatur stimmen irgendwie nicht mit den Zeichen, die am Bildschirm erscheinen, überein. Ich kämpfe mich durch die Anfragen, schicke noch schnell ein kurzes Rundmail an meine Freunde - nach einer halben Stunde reicht es. Außerdem können wir jetzt in ein anderes Zimmer umziehen. Der Bellboy fährt mit seinem Golf Caddy vor und wir fahren zum zweiten Mal über das Hotelgelände, wo jeder Bungalow Aussicht auf den Vulkan hat... wenn er sich sehen lässt.

Wir machen es uns in dem neuen Zimmer – dieses Mal mit ruhigen Nachbarn - gemütlich und hängen die Badesachen zum Trocknen auf. Romy hat irgendwie das Gefühl, dass sie noch nicht genug im Wasser war und möchte das Hotelschwimmbad ausprobieren. So gesagt, so gemacht. Das Wasser des Beckens ist herrlich erfrischend und mit dem stattlichen Vulkan immer im Hintergrund wird das Schwimmen wirklich zu etwas Besonderem.

Wir haben mit der holländischen Familie (Paula, Maarten und ihre Kinder) aus Sarapiqui, die bereits seit 2 Tagen in Fortuna sind, in der Observatory Lodge ausgemacht. Von dort aus sollten am Abend die Lava und kleinere Vulkanausbrüche gut zu sehen sein. Deswegen fahren wir am späteren Nachmittag Richtung Nationalpark, wo wir in eine Schotterstraße einbiegen. Eigentlich habe ich für heute genug von Schotterstraßen und in Gedanken überlege ich, ob ich weiterfahren soll. Es sind immerhin fast 20 Kilometer bis zur Observatory Lodge. Wir haben zwar unverbindlich ausgemacht, das wäre also kein Problem, aber einen spektakulären Vulkanausbruch fotografieren, mache ich natürlich auch nicht jeden Tag mit. Also was mache ich? Nach fünf Kilometern überlege ich noch immer was ich machen soll, als plötzlich sicherlich zehn Minibusse entlang der Straße geparkt stehen. Mindestens fünfzig Personen sitzen auf den Felsen neben der Straße. Auch ich halte an und tatsächlich hast du von hier eine fantastische Aussicht auf den Vulkan... wenn er sich nicht gerade hinter eine Wolke versteckt. Es ist erst 18 Uhr. Es freut mich nicht, hier länger zu warten bis es dunkel wird und zu hoffen, dass die große Wolke verschwindet. Außerdem braucht Romy unbedingt etwas zu essen, das Weiterfahren zur Observatory Lodge freut mich auch nicht. Kann passieren, wir sind noch 3 Tage hier. So fahre ich zurück und finde direkt neben unserem Hotel eine Pizzeria, wo ich Pasta und für Romy Pizza bestelle. Vom Restaurant aus haben wir Blick auf den Vulkan und kurze Zeit später, als es stockfinster ist, zeigt er sich tatsächlich ganz... für ganze fünf Minuten. Und das Beste ist, er spuckt nicht! Die vulkanischen Aktivitäten sind nicht jeden Tag gleich, wir hätten so oder so kein spektakuläres Lava- Gespucke gesehen.

Auf dem Pferderücken

Am nächsten Tag ziehe ich die Vorhänge unseres Bungalows auf. Der Himmel ist strahlend blau und vom Bett aus haben wir einen wunderbaren Blick auf unseren El Arenal. Da kommt sogar eine Rauchsäule aus dem Krater. In der Ferne hörst du es donnern und krachen, als ob ein Gewitter im Anmarsch ist oder eine Welle auf dem Strand bricht. Es ist jedoch der Vulkan, der von sich hören lässt. Wortlos liegen wir im Bett und schauen auf dieses atemberaubende Phänomen.

Aber wir möchten nicht den ganzen Tag im Bett liegen bleiben, also raus aus den Federn. Romy möchte gerne Reiten und um 48.000 Colon buche ich eine Tour, die vom Reisebüro des Hotels angeboten wird. Ken und Adrianne aus Toronto begleiten uns und gemeinsam fahren wir mit dem Golf Caddy zum Reitstall. Ein Cowboy gibt uns die Hand und stellt sich als Marvin vor. Frisches, weißes Cowboyhemd, weißer Cowboyhut, Gummistiefel und enorme glänzende Sporen. Ja, ein „echter" Cowboy! Die Pferde schauen etwas mager aus, aber ohne Kratzer, Wunden oder sonstige Defekte. Auch die Hufeisen sind erst vor kurzem angelegt worden. Ich glaube, wir können hier mit gutem Gewissen ein Pferd ausleihen.

Romy bekommt ein minikleines und superschmales Pony zugewiesen. Ich muss zwei Mal schauen, weil es äußerlich wie ein 2-Jähriges ausschaut. Aber Tito, so wie das Kerlchen heißt, steht als Vollprofi nur für die kleineren Kinder zu Verfügung und ist wirklich super brav. Sogar der Westernsattel ist ein echter kleiner Kindersattel. Hinten am Sattel bekommen wir alle Ponchos befestigt und die Pferde werden mit einer Art Halfter ohne Gebiss aufgezäumt. Die gesamte Ausrüstung ist auf Western ausgerichtet, ganz nach meinem Geschmack. William ist mein Freund für die nächsten zwei Stunden und auch Ken und Adrianne bekommen ein Pferd zugewiesen. Bauhelm auf und los geht es. Wir reiten erst zur Hauptstraße zurück, überqueren diese und gelangen zu einem Tor. Sehr geschickt öffnet Marvin vom Pferd aus das Tor und, weil Romy von Marvin geführt wird, folgt Tito Marvin und dessen Pferd auf den Hufen.

Der erste Teil der Strecke ist doch ziemlich anstrengend für die Pferde. Auf Grund der Regenzeit ist der Boden sehr matschig und der Pfad führt steil an den Hängen des Vulkans hinauf. Das Gebiet, welches wir durchqueren, ist sehr offen, wir reiten durch Wald und Wiese und erleben ein besonderes Flair mit Mister Arenal immer im Hintergrund. Romy meckert ein wenig. Obwohl die Pferde wirklich brav sind, findet sie, dass Tito zu schnell ist. Da hat sie nicht ganz unrecht, weil Marvin sein Pferd, wie ein echter Cowboy, meistens Joggen lässt. Tito muss immer wieder antraben um mithalten zu können. Dadurch stolpert er über Steine oder Grasschöpfe, das verunsichert Romy ein wenig. Also Marvin, bitte langsamer.

Wir reiten durch Täler, über Weiden, passieren Kühe und Marvin macht immer wieder einen Zaun auf und wieder zu, brav gefolgt von Tito. Manchmal ist der Krater des Vulkans besser ersichtlich, manchmal versteckt er sich komplett hinter dichten Wolken. Hoch am Himmel scheint jedoch die Sonne, eine leichte Brise sorgt für genügend Abkühlung. Plötzlich ist Ken samt Pferd verschwunden. Wo ist er? Sein Pferd hat eine Tränke gefunden und ist einfach dort unter einem Baum im Schatten stehen geblieben. Nicht mehr in Bewegung zu bringen! Wir haben das Paar durch das Blenden der Sonne einfach nicht mehr gesehen. Ich versuche mit William immer wieder etwas mehr nach rechts oder nach vorne zu reiten um Romy und Pferd zu fotografieren. Obwohl ich doch einige „Pferdejahre" hinter mir habe, gelingt es auch mir nicht immer, William zu mehr Bewegung als notwendig zu bringen. Die Pferde laufen täglich ihre Runde und wirklich keinen Schritt mehr!

Es ist Zeit für eine Pause. Wir steigen etwas steif von den Pferden und bekommen eine Flasche Eistee zu trinken. Die Pferde werden einfach unter den Bäumen geparkt ohne sie anzubinden, sie sind viel zu müde zum Weglaufen. Erstaunlicherweise sind am Rastplatz Toilette, Mistkübel und überdachter Aussichtspunkt mit steinernen Sitzbänken vorhanden, mit herrlichem Blick über ein enges Tal mit kleinem See. Marvin erzählt, dass an der anderen Seite des Tales ein Campingplatz mit kleiner Kapelle und Canopy Tour eingerichtet war. „Ja, bis El Arenal in 2000 seine Lava und Asche über den Campingplatz warf", erzählt er. Die auf dieser Seite anwesenden

Einrichtungen liegen etwas höher und sind von dem Ausbruch verschont geblieben. Davon profitiert Marvins Reitstall, keine Frage.

Es ist noch eine Stunde zurück zum Reitstall. Romy hat sich inzwischen beruhigt und an Tito gewöhnt, jetzt kann sie die Tour wirklich genießen. Wir halten mehrmals an und lassen Marvin zahlreiche Fotos von uns machen. Dann höre ich ein lautes Geräusch – befindet sich hier eine Straße? Es hört sich an, als ob ein LKW vorbei donnert. „Nein", sagt Marvin, „das ist der Vulkan!" Spannend! Wir reiten an einem Schild vorbei: ab hier darfst du nicht weiter - vulkanische Aktivitäten! Wir sind wirklich sehr nah am Vulkan und ich bin mir gar nicht sicher, ob wir uns noch außerhalb der Gefahrenzone befinden. Wir befinden uns wohl an der ruhenden Seite des Vulkans, aber weiß El Arenal das auch??

Die letzten 500 Meter zum Stall steige ich von William ab. Er ist müde und wenn ich neben ihm wandere, kann er sich besser ausruhen. Als die Pferde bei der Rückkehr nicht mal Wasser trinken dürfen, verabschiede ich mich mit einem etwas unguten Gefühl im Magen von Marvin und seinen Pferden.

Wir ziehen unsere Badesachen wieder an und springen ins Schwimmbad. Die doch leicht verbrannte Haut kühlt in dem erfrischenden Wasser. Auch der Magen benötigt wieder Inhalt. Ganz verantwortungsbewusst bestelle ich Hühner Nuggets mit Pommes und wir lassen es uns an der Pool Bar gut schmecken. Es fängt erst jetzt zu regnen an und glücklicherweise nicht während der Tour. In letzter Sekunde flüchten wir in unser Zimmer, wo wir gerade noch trocken ankommen. Romy macht es sich auf ihrem Doppelbett bequem und beschäftigt sich mit Pferderätseln. Ich strecke mich auf dem anderen Doppelbett aus und aktualisiere mein Tagebuch.

Nach zwei Stunden hat es kurz zu regnen aufgehört. Ich möchte schnell meine Hose, die voll mit Lehm und Sand vom Strand von Tortuguero war, aus der Reinigung abholen. Um US $ 2,00 ist sie tatsächlich wieder wie neu. In dem Moment donnert und kracht es. Nicht der Vulkan, sondern der Regen stürzt sich auf einmal mit voller Wucht vom Himmel herunter. Gleichzeitig fällt auch der Strom aus. Wir bleiben vorerst mal hier bei der Rezeption und besuchen den Souvenirshop im Eingangsbereich des Hotels. Ich wundere mich über die absurd hohen Preise der Souvenirs. Romy darf trotzdem was Kleines mitnehmen und wünscht sich einen Bleistift mit einer hölzernen Schildkröte oben drauf. Ich nehme einen schönen Schlüsselanhänger, mit einem Tukan drauf gemalt, mit. Und wir kaufen eine Karte von dem Lava spuckenden Vulkan. So sollte es also ausschauen, wenn El Arenal sich nicht gerade hinter einer Wolke versteckt!

Obwohl der Strom wieder anspringt, fängt es jetzt noch stärker zu regnen an. Der Bellboy hat bei seinem Golf Caddy die Plastik Seitenfenster hinunter gelassen und macht gerade Überstunden. Er fährt zahlreiche gestrandete Hotelgäste von der Rezeption zu den Zimmern zurück. Auch wir trampen und werden sehr komfortabel und trocken mit dem Golf Caddy zum Zimmer zurück gebracht. Nach einer Stunde lässt der Regen endgültig nach. Carolien, von Heliconia Island in Sarapiqui, hat uns erzählt, dass in der Nähe unseres Hotels ein neues Froschhaus eröffnet wurde. Das schauen wir uns jetzt an. Wir fahren die 400 Meter auf der Straße zurück und als ich „Froggie" den Parkplatz hinauf lenke, sehe ich das Auto der holländischen Familie, sprich Henk und Joke, aus Boca Tapada stehen. Wir gesellen uns zu diesen Vieren dazu und werden von einem Führer durch das neue Froschhaus geleitet. Obwohl es langsam dämmert, sind nicht alle Frösche wach und manche haben sich sehr gut versteckt. Es gelingt mir jedoch, mit Hilfe einer Taschenlampe, manche Frösche zu fotografieren. Unser Führer erzählt über die Pläne für den Weiterbau, die sich wirklich gut anhören. Jetzt sollte erst mal etwas Geld verdient werden. Ich kann nur sagen: tolle Anlage, sehr gepflegt und tatsächlich empfehlenswert!

Gemeinsam mit der holländischen Familie fahren wir zur gestrigen Pizzeria und genießen das nette Ambiente gemeinsam. Während wir abwechselnd unsere Reisegeschichten erzählen und anhören, versteckt sich der Vulkan hinter einer riesigen Wolke. Tolle Bilder eines Lava spuckenden Vulkans wird es wohl nicht mehr geben!

Im Land der Cowboys

Jetzt bin ich mir sicher, der Vulkan spielt mit mir! Der Himmel ist heute in der Früh so unglaublich blau, ein noch schöneres Bild ist fast nicht mehr möglich. Obwohl ich bereits 350 Fotos von dem Vulkan habe, muss ich dieses „neue" Bild jetzt auch noch festhalten. Im gleichen Moment hören wir einen ohrenbetäubenden Knall und eine Sekunde später spuckt der Vulkan eine kleine Aschewolke aus. Ein Abschiedszeichen. Und bildlich festgelegt!

Mit der Sonne und der Aschewolke am Himmel bepacken wir das Auto und steuern die hanging bridges an. Inmitten dieses 250 ha großen Privatreservates, das überwiegend aus Primärwald besteht, befinden sich zahlreiche Hängebrücken. Auf einem drei Kilometer langen Rundgang überquert man viele kleinere Brücken und sechs große Hängebrücken, die sich bis zu 60 m Höhe über dem Boden erstrecken. Mit meiner Visitenkarte dürfen wir gratis in den Park hinein und sind zum ersten Mal ohne Führer unterwegs. Gleich bei der ersten Hängebrücke realisiere ich, dass den Weg finden, die Tiere suchen und gleichzeitig fotografieren eine unmögliche Aufgabe für mich ist. Ich werde mich nur auf das Fotografieren konzentrieren. Romy übernimmt das Lesen der Karte und ebenso die Aufgabe der Tiersuche. Und es ist erstaunlich, welche Tiere sie findet. „Ich habe Adleraugen", sagt sie. Blue Jeans Giftpfeilfrösche, Tukane,

Brüllaffen, Eidechsen und eine Schlange. Nein - nichts Großes. Zuerst dachte ich, dass ein Wurm unseren Weg kreuzt!!!

Am Ende des Rundgangs hängt eine Liane, welche sich wie eine Schaukel verschlungen hat. Romy hängt sich an die Liane und als sich herausstellt, dass die beiden Enden wirklich oben festsitzen, hebe ich sie hoch und setze sie „in die Schaukel". Das könnte ein tolles Bild für die Titelseite dieses Buches werden.

Es sind noch zirka 160 Kilometer bis zum nächsten Hotel in Rincon de la Vieja. Wir starten „Froggie" und fahren in westlicher Richtung. Der Arenalsee befindet sich jetzt links neben uns. Heutzutage ist er der größte See Costa Ricas und, durch den Staudamm, die wichtigste Energiequelle des Landes. Unterwegs fällt mein Blick mehrmals auf Hinweistafeln der German Bakery. Heute gibt es Sauerkraut und Bratwurst. Na gut, das ist um diese Uhrzeit etwas zu viel deutsches Zeug für mich, aber ein Cappuccino und ein frischer Apfelstrudel sind schon eine Herrlichkeit. Es sind jetzt noch 29 Kilometer bis Nuevo Arenal, wo sich die Bäckerei befindet. Die Straße ist etwas kurvig, aber sehr gut befahrbar. Nur ab und zu befindet sich ein Loch im Asphalt. Auch Romy hält sich gut und 30 Minuten später sitzen wir tatsächlich bei Cappuccino, Kakao, Brezel, Apfelstrudel und Sachertorte – das essen wir für unser Leben gern! Im Souvenirshop direkt nebenan kaufen wir Postkarten, dazu für Romy noch eine Schildkröte aus Holz, ich besorge einige ökologische Notizblöcke, aus Bananenblatt hergestellt.

Es sind jetzt noch 50 Kilometer bis zur Interamericana. Als ich gegenüber der Bäckerei eine Tankstelle sehe, lasse ich sicherheitshalber den Tank füllen. Der war noch halb voll und um knapp 20.000 Colon für 25 Liter habe ich deutlich billiger getankt als bei uns zu Hause! Die Interamericana, die unter dem Namen Pan-American Highway besser bekannt ist, ist eine Schnellstraße und verläuft von Alaska bis Feuerland. El Arenal bleibt noch lange im Rückspiegel sichtbar, während die Natur sich langsam verändert. Die üppige Vegetation macht immer mehr Platz für Weidegrund. Die „Wildtiere" ändern sich in Kühe und Pferde und wir entdecken viele Cowboys, die mit ihren Viehherden unterwegs sind. Wir nähern uns der Provinz Guanacaste, bekannt für seine Cowboy Geschichten. Jahrelang habe ich mich auch wie eine Art Cowgirl gefühlt. Vor 20 Jahren habe ich mein eigenes Pferd Western geritten und Turniere mitgemacht. Und mein Herz füllt sich langsam wieder mit dem warmen Cowgirl-Gefühl.

Die Interamericana führt durch Liberia, die Hauptstadt Guanacaste und hier sollte das Leben der Cowboys spürbar sein. Die „Weiße Stadt" wird sie genannt, doch längst sind die Straßen, die einst mit weißem Gestein gepflastert waren, schwarz geteert. Wir wandern durch die Stadt und entdecken das Denkmal des Sabanero, ein Reiterstandbild zu Ehren der Viehtreiber Guanacastes. Und am 25. Juli feiern die Sabaneros jährlich die Loslösung Guanacastes von Nicaragua. Die abgehaltenen Viehmärkte, Rodeos und Pferdeparaden machen das Bild einer Cowboystadt komplett.

Laut meinem Reise-Know-How Reiseführer sollte sich hier auch das Caballos bzw. Cowboy Museum befinden. Wir machen uns auf die Suche und fahren mit dem Auto durch die schmalen Straßen. Wir finden es leider nicht, stattdessen stoßen wir auf ein altes Adobe-Haus. Diese traditionellen Häuser sind weiß angemalt und verfügen über eine sogenannte puerto de sol – eine Sonnentüre. An den NO-Ecken der Häuser befinden sich 2 Türen. Eine Türe wird für die Morgensonne aufgemacht, die andere Türe für die Abendsonne. Eine Art natürliche Airconditioning.

Wir stocken im Supermarkt unsere Vorräte wieder auf und langsam sollte ich mich auch wieder um Bargeld kümmern. Weil meine Bankomatkarte noch immer weg ist und ich nicht bei jeder Bank Geld mit der Kreditkarte abheben kann, sollte ich auch nicht bis zum letzten Colon warten. Wir besuchen die Banco Nacional und „Ja, du kannst bei uns gerne Geld abheben" und „Ja, wir verrechnen 5 % Provision?!" und „Ja, heute gibt es eine Wartezeit von sicherlich eine Stunde." „Eh, Nein, Danke", ich werde es wo anders versuchen.

Ich lenke „Froggie" wieder auf der Interamericana weiter Richtung Norden. Nach knapp 5 Kilometern finden wir die Hinweisschilder Hacienda Guachipelin und biegen rechts in die Schotterstraße ein. Bis zur Hacienda sind es noch 17 Kilometer und wir können den Vulkan Rincon vor uns bereits liegen sehen. Der Rincon de la Vieja, wie er genau heißt, ist ein aktiver Schichtvulkan. Er liegt im gleichnamigen Nationalpark Rincón de la Vieja und erreicht eine Höhe von 1.916 m. In seinem Krater, in mehr als 1.800 m Höhe, befindet sich ein Säuresee, der 100 Meter unter dem Kraterrand liegt und einen Durchmesser von ungefähr 250 Metern hat. In ihm werden Temperaturen bis zu 90 °C gemessen. Bei dem Ausbruch im Jahre 1995 schwappte der See über und es gab eine 18 km lange Schlammlawine. Beim nächsten Ausbruch im Jahre 1998 schwappte gleichfalls ein ätzender und mit glühenden Gesteinstrümmern beladener Schlammstrom aus dem Krater und ergoss sich weit in die Ebene hinein und zerstörte Plantagen, Brücken und Straßen.

Rincón de la Vieja bedeutet übersetzt etwa Schlupfwinkel der alten Frau. Nach den Legenden der Bevölkerung hält sich im See eine alte Hexe verborgen. Weil sie den Menschen, unter denen sie einst lebte, mit ihren Raubtierzähnen und ihren feurigen Augen Angst eingejagt hatte, wurde sie von einem Medizinmann verflucht. Daraufhin verschwand sie im Krater des Vulkans.

Kurz vor der Hacienda wandern Maarten und Paula, die Holländer aus Sarapiqui, mit ihren Kindern entlang der Straße. Nachdem wir unseren Termin in Fortuna nicht nachgekommen sind, haben wir nicht gewusst, ob wir einander noch mal treffen. Ein kurzer Zwischenbericht folgt, aber wir blockieren die Straße und ein gestresster Tourist hinter uns hupt laut. Schnell verabreden wir uns für ein gemeinsames Abendessen.

Bei der Rezeption bekommen wir ein herrliches Willkommensgetränk und werden über die Ausflugsmöglichkeiten der Hacienda aufgeklärt. Wir beziehen einen tollen Bungalow. Einen aus einer Reihe von 10 Bungalows, die aneinander gebaut sind und mit einem Bänkchen und einer Hängematte vor jeder Türe ausgestattet sind. Die Handtuchhalterungen sind aus Hufeisen gemacht und auch die Lampen im Zimmer sind mit Pferdeköpfen geschmückt. Wir genießen das besondere Cowboy-Flair.

Romy hat es sich auf ihrem Bett bequem gemacht und schreibt ihre Postkarten fertig. Während ich vor der Türe die Anlage fotografiere, höre ich hinter mir eine bekannte Stimme: Rian! Wir haben die Familie Van der Veken in San José kennen gelernt und in Tortuguero noch Mal vom Boot aus gesehen. Wir haben nicht gedacht, einander noch mal zu sehen. Auch Bert, Vince und Evi staunen über dieses erfreuliche Wiedersehen. Es ist wirklich interessant, wie sich alle irgendwie im gleichen Kreis durch das Land bewegen. Aber auf diese Familie freuen wir uns wirklich sehr, weil der Kontakt gleich sehr nett und typisch holländisch „gesellig" war. Die Reiseberichte der letzten Woche werden ausgetauscht. Die Kinder haben sofort viel Spaß mit einander und wir vereinbaren gleich, dass wir morgen gemeinsam eine Reittour unternehmen werden.

Das Hotel serviert ein köstliches Abend-Buffet um 18.000 Colon. Romy halten wir heute für 6 Jahre, damit sie gratis mitessen darf. „Ich bin aber schon 7", wehrt sie sich laut. Der Kellner spricht Gott sei dank nur spanisch… Das Restaurant ist absolut gemütlich und hat ein besonderes

Ambiente. Wir haben heute sogar live Musik. Jemand spielt auf einer Art Xylophone. Maarten und Paula haben sich an einen 4-Personen-Tisch hingesetzt. Okay, dann setzen wir uns mit Bert, Rian und den Kindern an den Nebentisch. Romy kann sich immer besser in holländisch verständigen und hat viel Spaß mit Vince und Evi. Das ausgiebige Buffet bietet Kartoffeln, Reis, Gemüse, Fleisch, ein Salatbuffet, eine Nudelecke, diverse Desserts, Fruchtsäfte und vieles mehr. Und alles schmeckt wunderbar! Pura Vida!

Lonesome Cowboy

Um Punkt 9 melden wir uns bei der Working Ranch. Acht Cowboys in Jeans und rotem T-Shirt kümmern sich liebevoll um die Pferde. Einige Pferde sind bereits gesattelt, noch mal zirka 30 Pferde stehen auf dem Platz herum und warten auf Kunden. Es gibt mehrere Bereiche, wo sich die Pferde aufhalten, manche werden noch schnell gewaschen und über den Zaun hängen sämtliche Satteldecken zum Trocknen. Diese Cowboys sorgen in jeden Fall besser für die Pferde als der Betreiber in Fortuna. Die Pferde schauen auch besser aus, etwas gefüllter. Zuerst müssen wir ein Formular bezüglich Haftung unterschreiben, dann bekommen wir einen glamourösen Bauhelm aufgesetzt. So schön aufgemotzt dürfen wir die Pferde begrüßen. Das Pferd, das Romy zugeteilt bekommt, hat so einen langen Name... Romy nennt es einfach Tipi. Masochist ist mein Vierbeiner und auch die Van der Vekens bekommen ein Pferd zugeteilt. Julio reitet voran und nimmt Romys Pferd an der Leine. Sanchos ist ein echter sturer Cowboy und reitet als Schlusslicht auf seinem Hengst... ein Maultier! Und nicht mal 1 Meter hoch, der Anblick ist so witzig – einfach köstlich!

Das Wetter ist traumhaft schön, die Natur ganz anders als wir sie bis jetzt gesehen haben. Es gibt hier viel mehr Laubbäume. Wir reiten gemütlich über einen Pfad durch den Wald. Hier zu fotografieren ist fast unmöglich. Zum

Einen, weil die Bäume ein komisches Schattenmuster auf den Pferden und Menschen hinterlassen. Zum Anderen, weil einfach kein Platz ist zum Fotografieren. Masochist ist immer mit seinem Ohr auf dem Bild oder ein anderes Pferd der Truppe läuft durch das Bild. Rian ist da längere Zeit echt ein Talent. Die Familie sitzt zum ersten Mal auf einem Pferd und hier machen die Pferde wirklich nur, was sie gelernt haben: brav hinter einander gehen. Ich komme mit Masochist echt nicht an ihr vorbei. Evi findet, dass ihr Pferd wild ist und Sanchos nimmt die Zwei am Leitzügel. Aber diese Pferde sind echt noch braver als die Pferde in Fortuna, da braucht sie sich nicht fürchten!

Wir haben sehr viel Spaß und lachen uns ein Loch in den Bauch. Romy fühlt sich jetzt echt wohl auf ihrem Tipi und genießt die Tour. Nach einer Stunde erreichen wir das Ziel: die Victoria Wasserfälle. Wieder steigen wir etwas steif von den Pferden herunter. Die Pferde werden sorgfältig festgebunden und wir bekommen ein Handtuch gereicht. Die Männer schauen noch mal, ob die Pferde wirklich gut angebunden sind, dann geht´s einen Pfad hinunter zum Bachlauf. Das Wasser ist auch hier so kalt! Brrr. Wir ziehen uns nur die Hose aus und waten durch das Wasser zum Wasserfall. Dieses Mal kein imposanter 70-Meter-Wasserfall, sondern höchstens 7 Meter.

Die Kinder essen eine Kleinigkeit, Bert und ich fotografieren die Szene. Auch er liebt das Fotografieren und ich gebe ihm einige Tipps, mit dem Resultat, dass seine Fotos gleich besser werden und das freut uns natürlich beide. Die Sonne kommt gerade kurz raus. Schnell macht

Julio ein Gruppenfoto von uns, dann sind wir für die Rückreise bereit. Während wir den Pfad wieder hinauf wandern, findet Rian einen „wandernden Ast"- eine Stabheuschrecke. Bert will dem Tier den Weg blockieren, jetzt krabbelt es sein Bein hoch. Als das Tier dann auf seinem Arm Richtung Gesicht krabbelt, wird es Bert doch etwas unheimlich und er schlägt um sich. Das tapfere Tier bleibt auf seinem Rücken still sitzen. „Hé Bert, bleib stehen, jetzt kann ich es fotografieren", rufe ich.

Wir reiten wieder zurück zur Hacienda. Da liegen noch ungefähr 15 Minuten vor uns, als wir von einer Gruppe Pferde eingeholt werden. Die Pferde sind gesattelt und traben einfach ohne Reiter zurück zur Hacienda… Ich verstehe es nicht ganz. Da war doch sonst niemand beim Wasser. Über Wasser gesprochen… Ich bemerke, dass es im Wald immer dunkler wird und es fängt langsam zum Tröpfeln an. Schnell verpacke ich meine Fotokamera in einem Plastiksack, wickele auch noch ein Handtuch darum und verstaue sie in meinem Rucksack. Die Kamera ist nicht mal eine Minute eingepackt, dann geht es wirklich los – der Regen. Wir sind innerhalb von 10 Sekunden echt klitsch und klatschnass. Und es sind noch 10 Minuten zum Stall…

Zuerst sind die Pferde keinen Schritt schneller gelaufen als notwendig, jetzt brauchst du nur ganz leicht die Beine anzulegen, traben die Pferde schon. Aber es ist jetzt egal ob wir noch 5 oder 10 Minuten zur Hacienda benötigen. Nasser als nass geht eh nicht! Nur das Pferd von Rian bewegt sich nach wie vor langsam und bald liegt sie um einiges zurück. „Hé Lonesome Cowboy, come on", schreit Bert. Einfach witzig! Mit einer Geschichte in „the pocket" kommen wir bei der Hacienda an. Die Pferde werden uns schnell abgenommen und mit einem herzlichen „Pura Vida!" verabschieden wir uns von Julio, Sanchos und den Pferden. Wir haben schon öfters mit dem Spruch „Pura Vida" Bekanntschaft gemacht und erst jetzt verstehe ich den Spruch wirklich. „Genieße das Leben!" Du kannst jammern und meckern, dass es regnet. Wenn du das Leben einfach genießt, ist alles nicht so schlimm. Diesen Spruch werde ich mir merken!

Mit dem aufkommenden Wind wird es jetzt langsam kalt auf der Haut, es regnet immer noch fürchterlich, und rasch wandern wir zurück zum Zimmer. Wir machen noch schnell ein Gruppenfoto von sechs ersoffenen „Kätzchen", dann ab in die warme Dusche. Während Romy und ich gemeinsam unter der Dusche stehen, schaue ich aus dem Fenster. Nein, ich sehe nicht richtig. Oder doch? Ja wirklich, der Himmel ist wieder blau und die Sonne scheint. Sachen gibt es... aber wir haben eine Geschichte bzw. ein Abenteuer erlebt und werden noch oft darüber reden. Das zählt!

Frisch geduscht genießen wir das gemeinsame Mittagessen und haben große Freude mit unserer Reittour. Ich hole schnell noch den Laptop und kopiere die Fotos für Bert, während Rian mit den Kindern zum Schwimmbad geht. Etwas später gesellen auch Bert und ich uns dazu und gemeinsam unterhalten wir uns gemütlich beim Schwimmbad, die Kinder natürlich drinnen. Auch Rik und Marion kommen dazu. Diese zwei Holländer haben Bert und Rian in Tortuguero kennen gelernt und sind gerade angekommen. Die Reise-Erfahrungen werden natürlich geteilt und auch unsere Geschichte über die nasse Reittour geht über den Tisch.

Am späteren Nachmittag wandern Rian und ich noch mal zurück zur Ranch um das tägliche Leben dieser Cowboys zu fotografieren. Die Pferde werden versorgt und geduscht, auch der Platz wird von Pferdeäpfeln gesäubert. Sanchos erzählt, dass diese Ranch bereits mehr als hundert Jahre eine aktive working ranch ist. 1975 hat Tomás Batalla Esquivel, ein Züchter einer spanischen Pferderasse, die Hacienda übernommen und groß gemacht. Vor kurzen haben seine Kinder die Ranch übernommen und sind nach wie vor, obwohl es immer mehr ein Aktivitätenzentrum wird, sehr erfolgreich.

Am nächsten Tag werden wir von den Cowboys eingeladen, die Ranch zu besuchen. Wir besichtigen das Gelände und fotografieren jede Ecke, jedes Detail und jede Handlung der Männer. Als die Cowboys merken, dass wir wirklich an ihrer Arbeit interessiert sind, werden die sturen Männer lockerer. Sie zeigen immer mehr verborgene Winkel und erzählen über ihre Arbeit. Inzwischen werden zwei Gruppe mit Pferden ausgestattet. Ein Cowboy setzt sich zum Fotografieren stolz mit Cowboyhut auf den Zaun. Ganz hinten auf dem Gelände finden wir die Unterkünfte der Cowboys, wo rote T-Shirts an den Wäscheleinen hängen. Julio kommt gerade aus dem Haus und hat einen Becher Kaffee in der

Hand. „Ah, gracias", sagt Bert aus Spaß, aber bekommt tatsächlich den Becher geschenkt - da ist aber ein halber Liter Kaffee drinnen!

Als auch die dritte Gruppe fertig zum Ausreiten ist, ist nur noch der Chef da. Er findet es ziemlich doof, als wir ihn beim Abspritzen des Platzes fotografieren und verschwindet. Bert übernimmt die Aufgabe, den Platz mit Wasser von Pferdeäpfeln zu befreien. Und später haben auch die Kinder riesigen Spaß bei dieser Aufgabe mit zu helfen. Und, als die Arbeit fertig ist, kommt der Chef wieder zurück und freut sich riesig!

Alptraum

Die nächsten drei Tage werden wir an der Pazifikküste verbringen. Ich freue mich schon auf Sonne, Meer und Strand und natürlich auf Palmbäume, Kokosnüsse und frisch gegrillte Fische. Samara, gelegen im Süden der Halbinsel Nicoya, sollte all diese Feinheiten besitzen und wir dürfen sie „konsumieren". Herrlich!

Wir trinken auf der Hacienda noch schnell einen Kaffee und verabschieden uns herzlich bei Bert und Rian. Der Abschied ist erfreulicherweise nicht für lange, wir sehen uns in 4 Tagen in Monteverde wieder und freuen uns schon darauf. Dann fahren Romy und ich zurück nach Liberia und sehen, dass die Vorbereitungen für das große Fest am 25. Juli bereits im vollen Gange sind. Wie bereits erwähnt, wird jedes Jahr am 25. Juli die Lösung Guanacastes von Nicaragua gefeiert. An dem Tag findet ein großes Festival mit Stierrennen, Pferdeparade, Feuerwerk, Viehmarkt, Konzerten und anderen kulturellen Aktivitäten statt und die ganze Stadt steht Kopf.

Beim großen Supermarkt kaufen wir wieder einiges an Getränken, Obstsorten und Süßigkeiten ein. Auch hier werden vor der Türe bereits Kinderspielgeräte aufgebaut und die ersten Ballone aufgeblasen. Die Stadt gerät langsam in ein Feier-Fieber. Direkt bei der Einfahrt in die Stadt befinden sich die TOP Restaurants der Stadt: Burger King und Mc Donalds! Wir freuen uns beim

Letzten auf eine gute Fast-Food-Mahlzeit. Als wir aussteigen, sehe ich an der anderen Straßenseite eine Bank. „Romy, da gehen wir erst mal hin". Ein Security Mann entriegelt die Türe für uns und als wir drinnen sind, sperrt er die Türe hinter uns auch wieder zu. Da ist nur ein Kunde in der Bank und wir sind gleich an der Reihe. Ich bekomme sehr schnell meine Colons und sehe auf der Abrechnung, dass nicht mal Provisionen verrechnet worden sind. So gefällt mir das! Mit einem Haufen Geld in der Tasche wandern wir wieder zur anderen Straßenseite. Bei Macky ist so viel los, wir bekommen nicht mal einen Sitzplatz, auch die Bestellung dauert bis zu 15 Minuten. Das sind wir von McDonalds nicht gewöhnt! „Komm Romy, wir nehmen das Essen mit." Etwas außerhalb von Liberia suche ich einen netten Platz und parke das Auto etwas weiter vom Straßenrand. Dort öffnen wir die Türen, setzen uns gemütlich hin, packen das köstliche Essen aus und genießen unsere Mahlzeit.

Die Weiterfahrt verläuft glatt und ich fahre langsam nach Samara hinein, unser Hotel muss gleich an der linken Straßenseite stehen. Tatsächlich, es stimmt, aber mir bleibt das Herz fast stehen als ich die Vorderseite des Hotels anschaue. Alt, schmuddelig, einfach, alles andere als ein Luxus-Strandresort der Superlative. Wir checken ein und werden zu unserem Zimmer gebracht. Dort erwartet uns dann die noch bösere Überraschung. Okay, das Zimmer hat ein riesen großes Bett. So groß, dass unsere Koffer nicht mal Platz mehr haben. Das Badezimmer schaut sauber aus, aber es stinkt hier fürchterlich! Als ob jemand viel zu viele Blöcke gegen Urinstein in die Toilette geworfen hat. Ich bekomme fast keine Luft mehr! Das Zimmer liegt direkt am Schwimmbad, das ist dann schon wieder nett, aber mehr als 2 Sterne kann ich diesem Hotel leider nicht zuteilen. Alle anderen Unterkünfte haben bis jetzt so schön zu der Reise und zum Land gepasst. Schade, dass genau dieses Hotel, worauf wir uns am meisten gefreut haben, so ausfällt.

Die Hauptstraße verläuft vor dem Haus, eine andere stark befahrene Straße befindet sich hinter unserem Zimmer. Und es stinkt so schrecklich, mir ist leicht übel von dem Gestank. Als ob 20 Urinsteine in der Toilette deponiert worden sind. Auch die Handtücher, die Bettwäsche und das Wasser im Schwimmbad riechen nach dem typischen starken Geruch. Später hören wir von einer Familie, dass die Kinder mit einer Ohrentzündung beim Arzt gelandet sind, wahrscheinlich von Bakterien im Schwimmbadwasser. Der Vater dieser Familien hat tatsächlich einen handgroßen Brocken Urinsteine aus dem Wasserreservoir der Toilette geholt! Na gut, es sind nur 3 Nächte hier…

Wir wandern die Hauptstraße zirka 500 Meter hinunter bis zum Strand. Zahlreiche Lebenskünstler und Surfer, die abends etwas Geld verdienen müssen, haben entlang der Straße einen kleinen Tisch aufgestellt und verkaufen Schmuck und Souvenirs. Teilweise ist es wirklich fraglich, ob ich die Stücke überhaupt durch den grünen Zollbereich am Flughafen führen kann. Muscheln, Haizähne und Korallen sind in farblosen Ketten und trivialen Armbändern verarbeitet! Ich lasse lieber die Finger davon.

Der Strand … tja, ich will nicht noch mehr meckern, aber spätestens hier bin ich wirklich enttäuscht. Überall liegen noch dampfende Pferdeäpfel, auch Schwemmholz ist an mehreren Sammelstellen meterhoch aufgestaffelt, der Müll befindet sich kiloweise, teils in Plastiksäcken, meistens aber daneben, verstreut am Strand – Mein Gott, ist es hier dreckig! Soviel zum Relaxen und Faulenzen im Luxusressort am wunderschönen Palmenstrand. Ich lese gerade ein Buch von meiner Freundin Ada Rosman-Kleinjan, eine holländische Autorin, die ebenfalls ihre Reiseberichte in Buchform veröffentlicht. Während ihrer Reisen nützt sie meistens öffentliche Verkehrsmittel und wohnt in typischen Backpacker Quartieren. Sie wird dieses Hotel sicherlich als Luxus bezeichnen. Ich werde versuchen mir ein Beispiel an ihr zu nehmen und nicht zu meckern.

In unserem Reiseführer lese ich einen Restauranttipp, wo es gemütlich am Strand loungen und gut essen ist. Wir gehen auf die Suche, aber es stellt sich heraus, dass dieses Restaurant, sowie die meisten Restaurants an der Promenade, geschlossen sind. Wenn eine Sache nicht passt, folgen meistens mehrere – die bekannte Spirale. Letzendlich finden wir ein gut aussehendes Restaurant, es ist noch relativ früh und wir sind die ersten Gäste. Ich bestelle einen Krebssalat, Romy möchte Spaghetti Bolognese, dazu einen in Costa Rica überall getrunkenen frisch gepressten Obstsaft, dieses Mal Mango mit Birne. Während wir auf das Essen warten, spielen wir UNO und werden unter dem Tisch von Mücken attackiert – blöderweise habe ich den Mückenspray vergessen! Bis jetzt war es, außer in Tortuguero, mit den Mücken nicht so schlimm, aber hier am Strand heißt es natürlich aufpassen. In Costa Rica gelten die Gebiete unter 500 m Höhe als Gebiete mit sehr geringem Malariarisiko. Die übrigen Landesteile gelten als Malariafrei. Dahingegen werden im Süden des Landes immer mehr Fälle von Dengue registriert.

Nach einer viertel Stunde setzt sich eine holländische Familie neben uns, diese Familie wohnt auch im Hotel Giada und wir sind dieser Familie schon irgendwo vorher in Costa Rica begegnet. Wir unterhalten uns ein wenig, auch diese Familie ist über das Hotel und den Ort enttäuscht. Okay, dann liegt es in jeden Fall nicht nur an mir. Während wir unser Essen genießen, füllt sich das Restaurant mit neuen Gästen und das Personal hat allerhand zu tun. Auch in der Küche stößt das Personal jetzt an ihre Leistungsgrenze – es dauert fast eine Stunde bis wir das Dessert, sprich Kaffee und Mohr im Hemd serviert bekommen. 18.000 Colon und mindestens 30 Mückenstiche später spazieren wir zurück zum Hotel und öffnen die Türe unseres Zimmers. Zuerst kommt uns der Gestank entgegen, dann eine Mauer von Hitze, danach die Mücken. Vielleicht bin ich verwöhnt, aber es gefällt mir hier einfach nicht. Ich hänge erst unser Moskitonetz auf, dann legen wir uns ins Bett und ersticken fast vor Hitze. Der Ventilator an der Decke dreht sich auf der langsamsten Stufe so stark, dass die Haare herum fliegen. Hast du schon mal versucht einzuschlafen, während deine Haare ums Gesicht flattern???

Mit einem Kübel neben dem Bett, falls der Magen den Urinsteingeruch nicht mehr aushält, schlafe ich unruhig ein aber wache 2 Stunden später wieder auf. Mir ist eingefallen, dass die Van der Vekens in Tamarindo, etwas weiter nördlich, Unterkunft beziehen werden. Ich suche im Dunklen meinen Reiseführer und schalte die Taschenlampe an. „Tamarindo gehört zu den beliebtesten Strandorten des Landes", lese ich. Passt, da gehe ich morgen auch hin!

Jardin del Eden

„Nein Kenneth, du brauchst im Hotel nichts ändern. Du wirst sicherlich deine Zielgruppe haben, aber ich bin es in jedem Fall nicht." Ich habe den Manager des Hotels in Erstaunten versetzt, als ich ihm einfach mitteile, dass ich gehe. Jetzt versucht er verständlicherweise mit Leib und Seele die Situation zu retten. Aber meine Entscheidung steht fest. Wir gehen!

Es ist erst 8 Uhr als ich bei der ersten Telefonzelle anhalte und Johan anrufe. Auch er ist überrascht, als ich ihm mitteile, dass ich jetzt nach Tamarindo fahre. Kurz vor Tamarindo werde ich ihn wieder anrufen und höre dann gerne von ihm, wo wir übernachten können.

So gesagt, so gemacht. Wir fahren die Straße zurück nach Nicoya, dann in nördlicher Richtung und biegen bei Santa Cruz links in eine Schotterstraße nach Tamarindo ein. Es geht heute irgendwie viel schneller als gestern und es ist dann auch erst halb 10, als ich kurz vor Tamarindo bei „Café Café" anhalte. Es ist höchste Zeit für einen Cappuccino, Romy nimmt Wasser und inzwischen rufe ich Johan wieder an. „Jardin del Eden". Na, bei so einem Name kann nichts mehr schief gehen!

Ab „Café Café" sind es noch vier Kilometer und ich merke, dass wir wieder in der Zivilisation ankommen. Viele Autos sind zum Dorf unterwegs, Menschen wandern oder fahren mit dem Fahrrad auf der Straße und ein wahrer Schilderwald steht neben der Straße. Jedes Geschäft, jedes Restaurant, jedes Hotel von irgendeiner Bedeutung hat ein Hinweisschild neben der Straße aufgestellt. Die Schotterstraße ist wieder von erstklassiger Qualität – in Slalom versuche ich allen Löchern auszuweichen und währenddessen sind meine Augen auf die zahlreichen Hinweisschilder fixiert. In letzter Sekunde lese ich „del Eden" und biege nach links ein. Diese Straße führt den Berg hinauf, dann der Schock. Rechts und links befinden sich große Baustellen und Baggermaschinen sind voll im Einsatz. Irgendwie wird es mir wieder unheimlich...

Bei der Rezeption werden wir von einer netten Schweizerin recht herzlich begrüßt. Sie ist nach ihrem spanischen Sprachkurs mal hängen geblieben und erklärt uns in fließend schweizerisch die Regeln des Hauses. Sie fragt, ob wir ein Standard oder Superior Zimmer möchten. Ich will nur noch Luxus und für US$ 20 mehr, wähle ich die Superior Variante. Das Ambiente der Ankunftshalle ist bereits beeindruckend. Gemütliche Rattansessel stehen auf der Veranda mit Aussicht auf den traumhaften Garten, wohin sonst? Von den Baustellen ist weit und breit nichts mehr zu sehen und zu hören. Als wir die Türe des Zimmers öffnen, steigen wir mitten in Costa Rica in eine Oase von afrikanischer Atmosphäre. Ich bin ein echter Afrika-Fan und fühle mich hier gleich wohl. Das Badezimmer ist so groß wie das ganze Zimmer unseres Hotels in Samara, das Doppelbett reicht für 3 Personen auch aus und die gemütliche Dachterrasse hat nicht nur Aussicht auf das „Jardin del Eden", sondern auch auf das Meer. Whow!

Punktgenau 10 Uhr springen wir in das gemütliche erfrischende Schwimmbad. Das größte Becken ist gleichzeitig das tiefste, ein kleineres Becken hat maximal ein Meter tiefe und dann gibt es noch einen Jacuzzi – wir verbringen den ganzen Tag in einem dieser drei Becken. Das Wasser ist angenehm warm, umgeben von einem wunderschön gepflegten Garten, die Hängematten und Liegen rundum das Schwimmbad laden zum Faulenzen ein und die großen Parasols aus Bananenblättern schützen gegen die Sonne. Das Wetter ist traumhaft, die Sonne scheint und nur ab und zu zieht eine Wolke vorbei. So habe ich mir die Relax-Tage an der Küste vorgestellt! Große Leguane liegen auf den Parasols in der Sonne, kleine Eichhörnchen knabbern an den Kokosnüssen in den Bäumen und grüne Eidechsen rennen an den Hängematten vorbei. Nur für das Mittagessen kommen wir kurz aus dem Wasser und ich versuche die wunderbare Atmosphäre mit meiner Kamera festzuhalten. Auch den ganzen Nachmittag verbringen wir im herrlichen Wasser. Romy hat sich zwei Schwimmnudeln, die im Wasser gelegen sind, angeeignet und lässt sich herum treiben. Wir genießen den Tag und Romy und ich sagen noch sicherlich 100-mal zueinander, wie schön es hier ist. Ich bin sehr froh, dass ich diese Entscheidung getroffen habe.

Es ist bereits 5 Uhr nachmittags als wir leicht verbrannt zum Zimmer aufbrechen. Ich muss dringend meinen Reisebericht aktualisieren, Romy spielt inzwischen mit ihrem Playmobil. Nach einer Stunde will sie jedoch wieder zurück zum Schwimmbad, „Mama, Biiiiiiitte!!" Ach ja, warum nicht, aber im Nachhinein wünschte ich mir, wir wären lieber im Zimmer geblieben...

Ricardo

Wir sitzen in dem kleinen Jacuzzi, Romy hat sich ein Spiel ausgedacht und springt immer wieder über meine Beine. Der Sprung wird natürlich immer etwas höher und etwas weiter, spätestens jetzt hätte ich eingreifen müssen............... „AAAAUUUU!!!" Zu spät! Romy ist wieder zwei Zentimeter höher und weiter gesprungen und mit ihrem Schienbein genau auf der Kante der Sitzfläche aufgeprallt. Natürlich weint sie fürchterlich, die Sitzfläche ist mit Mosaiksteinen verkleidet, das tut am Schienbein sicherlich weh. Ich hebe sie aus dem Wasser und gehe noch von einer kleinen Abschürfung aus, aber leider. Die Haut ist über eine Länge von sicherlich 2,5 Zentimeter aufgeplatzt und ich schaue in ein tiefes Loch hinein. Okay Patrice, jetzt die Ruhe bewahren! Romy soll sich die Wunde vorerst mal nicht anschauen, sie wird sicherlich gleich panisch. Ich bringe sie besser zurück zum Zimmer, da habe ich die Erste Hilfe Sachen. Als ich die Treppe zur Rezeption hinauf steige, höre ich „Nein, das gibt es nicht ...." und über mir sehe ich Rian stehen. Wir haben nicht gewusst, wo die Van Der Vekens in Tamarindo wohnen und freuen uns natürlich auf ein unerwartetes Wiedersehen. Ich erzähle kurz unsere Geschichte über Samara und warum wir in Tamarindo gelandet sind. Inzwischen vergisst Romy ihre Schmerzen und glücklicherweise blutet die Wunde nicht so stark. Bert und Rian erzählen über den Feiertag in

Liberia. Rein zufällig sind sie zur Pferdeparade gelangen und haben voller Bewunderung die Festlichkeiten angeschaut. Ah, vergessen! Durch unser Siedeln habe ich komplett auf diesen Feiertag vergessen und ärgere mich ein wenig. Ich hätte dort unbedingt Fotos machen wollen für meinen Diavortrag. Als ich über Romys Schicksal erzähle, fängt sie auch wieder zum Weinen an. Wir vereinbaren eine Uhrzeit zum Abendessen und ich trage Romy zurück zu unserem Zimmer. Dort hole ich meine Erste Hilfe Box und schaue die Wunde etwas genauer an. Dann fühle ich wie es mir langsam schlecht wird. Och Hilfe, jetzt nicht Patrice, reiß dich zusammen! Die Wunde muss wahrscheinlich genäht werden, ich habe jetzt keine Zeit zum Umkippen! Patrice und Blut ist nämlich keine gute Kombination. Erst mal abtrocknen und ein Kleid anziehen, dann ist Romy an der Reihe. Sie bekommt auch etwas Trockenes an und ich lege einen Verband auf die Wunde. Noch schnell meine Versicherungspolizze, dann melde ich mich bei der Rezeption mit der Frage, ob ein Arzt angerufen werden kann. Jetzt muss ich mich wirklich hinsetzen und, mit Romy sicher auf meinem Schoss, merke ich, wie ich in dem gemütlichen Rattansessel langsam wegsacke. Der Mann von der Rezeption kommt angerannt und fragt ob alles in Ordnung ist. Ich konzentriere mich so auf das Atmen, dass ich ihm keine Antwort geben kann. Ein Kellner bringt ein Glas Wasser und auch Bert und Rian, die gerade vorbei kommen, fragen was los ist und ob ich was brauche. Ganz in der Ferne höre ich mich selbst um Kekse fragen und spreche kurz einige Worte mit Romy. Dann gleitet alles an mir vorbei und ich tröste mich mit dem Gedanken, dass ich irgendwann wieder zu mir kommen werde. Patrice und Blut passen echt nicht zusammen!

Nach fünf Keksen und einem Glas Wasser beruhigt sich der Kreislauf langsam. Romy liegt noch immer auf meinem Schoss und hat schreckliche Angst. Ich bin natürlich nicht gerade das beste Beispiel und sie weiß auch noch nicht, was mit ihrem Bein passieren wird. Der Mann von der Rezeption sagt, dass die Ärzte aus der Nähe alle ziemlich beschäftigt sind, aber am Ende der Straße ist eine Pharmacia und dieser „Arzt" hat Zeit und kann sich Romy anschauen. Gut, wir bestellen ein Taxi, ich werde jetzt sicherlich nicht selbst Auto fahren und Bert fragt, ob er mitfahren soll, aber das ist nicht nötig. Etwas wackelig auf den Beinen steige ich mit Romy in das Taxi, wir fahren die Straße hinunter und sind in 2 Minuten beim Apotheker. Der Taxifahrer wartet inzwischen vor der Türe und in der Türöffnung werden wir herzlich von Ricardo begrüßt. Er wird sicherlich eine Ausbildung zum Apotheker absolviert haben, aber Arzt ist er wohl nicht, oder? Im vorderen Bereich hat er sein Geschäft und hinten befindet sich sein Büro mit dem Behandlungszimmer. Das Behandlungsbett ist voller Staub und megadreckig, aber da liegt zumindest ein frisches Papier darauf. Ricardo, ein wunderschöner Kerl Ende zwanzig, wäscht sich seine Hände, zieht einen frischen Ärztekittel an und schaut sich dann die Wunde an. Ich frage ob er es kleben kann. Daraufhin schaut er mich an, als ob ich verrückt bin. Ich höre ihn denken: „wie soll ich mit Bison Kitt oder Uhu die Wunde kleben?" Nein, kleben kennt

Ricardo nicht. Zwei Möglichkeiten haben wir - die Wunde nähen lassen oder es mit Butterflies versuchen. Wenn wir es nähen lassen möchten, müssen wir nach Liberia fahren, in Tamarindo ist kein Arzt vorhanden. Als ich ihn frage, wie es mit einer Narbe ausschaut, spricht Ricardo die erlösenden und für Romy so magischen Worte: „Narben? Ach, dafür sind Beine da!" und er hat so recht! Wenn diese Wunde sich im Gesicht befunden hätte, käme nur nähen in Frage, aber auf einem Schienbein... Ich lasse Romy nicht weiter in Angst und sage, dass die Wunde nicht genäht wird. Wir werden es mit Pflastern versuchen zusammen zu kleben.

Ricardo säubert die Wunde professionell und gibt eine Antibiotika Salbe hinein. Dann klebt er die zwei Hauthälften mit zwei Schmetterlingspflastern zusammen. Ganz oben kommt noch Pflastertape, damit es extra gut hält. Obwohl ich, aus Angst vor einem möglichen zweiten Zusammenbruch, nicht zuschauen möchte, will ich schon wissen ob Ricardo hygienisch und korrekt arbeitet und merke, dass ich mich doch wieder hinsetzen muss. „Sie darf zwei Tage nicht auf dem Bein stehen und die Wunde sollte möglichst nicht nass werden", sagt Ricardo. Macht nichts, Romy ist verarztet und alles ist besser als nähen! Ricardo verlangt nur die Kosten für Salbe und Pflaster. Ich gebe ihm etwas mehr, insgesamt 20.000 Colon, auch für die gute Betreuung und wir verabschieden uns herzlich mit einem „Pura vida"!

Der Taxifahrer wartet noch immer geduldig vor der Türe und bringt uns die Straße wieder hoch zum Hotel. Bei der Rezeption fragt der Mann neugierig wie es bei Ricardo gegangen ist und freut sich über den guten Ablauf. Wir melden uns bei Rian und Bert. Auch ihr Zimmer ist traumhaft und noch größer als unseres, aber die teilen das Zimmer natürlich mit 4 Personen. Gemeinsam begeben wir uns ins Restaurant, Bert trägt Romy auf seinem Rücken und wir bekommen ein wunderschönes Plätzchen, eine Art Lounge Ecke, zugewiesen. Das passt gerade gut, weil Romy ihr Bein hier komfortabel hochlegen kann. Wir fragen gleich um Eis, Ricardo hat empfohlen die Wunde zu kühlen. Ich sehe, dass die Wunde doch etwas nachgeblutet hat. Ich denke mal ein gutes Zeichen, die Bakterien müssen raus!

Nach all diesen Strapazen genießen wir den netten gemeinsamen Abend und ich bin froh, trotz Unfall, dass wir hierhergekommen sind. Wir haben einen wunderschönen Tag gehabt, der Gott sei Dank doch noch glimpflich ausgegangen ist.

Die Kleintiere

Romy hat gut geschlafen, die Wunde hat nicht mehr geblutet und das Allerwichtigste, es tut überhaupt nicht weh. Jetzt will sie erst ihren Papa anrufen und stolz ihre Geschichte erzählen.

Heute ist die große Parade in Liberia, aber das können wir wegen Romy wirklich vergessen – echt Schade! Den heutigen Tag verbringen wir relaxend am Pool und ich richte für Romy eine Liege her, wo sie ihre Spielsachen griffbereit neben sich liegen hat. Vince und Evi legen sich neben Romy und leisten ihr Gesellschaft. Die Drei unterhalten sich in der holländischen Sprache, Zuhause spreche ich auch immer holländisch mit Romy, sie antwortet dann aber auf Deutsch. Jetzt verschwindet langsam die Scheu vor einer neuen „Rede-Sprache" und sie spricht immer besser holländisch mit den Kindern.

Bert hat mir drei holländische zoom.nl Zeitschriften über Fotografie geliehen – ich lege mich neben Romy und lese alles über Themen wie Macro-, Tier- und Naturfotografie. Hinter uns krabbeln die Leguane und Eidechsen wieder in den Sträuchern hoch auf die Parasols und zwei Eichhörnchen halten sich längere Zeit in dem Baum neben uns auf. Bert und ich rennen den Beiden mit der Fotokamera hinterher und versuchen sie zu fotografieren. Am meisten haben wir lachen müssen, als eines der Kerlchen sich auf einen Ast legt, eine Pfote rechts und eine Pfote links runter hängen lässt und witzig mit dem Köpfchen zu uns schaut – herrlich!

Romy lässt es sich natürlich gut gehen und profitiert von der Situation, dass sie heute bedient werden muss. Ich trage sie zur Toilette, zum Beckenrand, zum Restaurant, aber ich mache es gerne. Ich bin froh, dass es ihr gut geht und sie keine Schmerzen hat.

Nach dem Mittagessen suchen wir Ricardo noch mal auf. Ich kann die Wunde natürlich selbst sauber machen – sage ich jetzt tapfer - aber ich kenne auch meine Tochter: eine echte Drama Queen. Nein, Ricardo soll es machen. Dieses Mal fahre ich selbst und wieder steht Ricardo in der Türöffnung und begrüßt uns herzlich. Zuerst muss er das Tape vom Bein entfernen – manche Frauen „schwören" aufs Epilieren, aber Romy macht deutlich, jedoch leicht reduziert, bemerkbar, dass „Enthaaren" sehr weh tut. Ja, ich weiß schon, warum ich zu Ricardo hingefahren bin. Die Wunde schaut sehr gut aus, es blutet nicht mehr und hat sich nicht entzündet, aber die Schließung ist nicht gelungen. Das wird eine Narbe. „Ach, dafür sind Beine da", sagt Romy mit einem Lächeln im Gesicht! Ricardo gibt wieder die Antibiotika Salbe in die Wunde und probiert die Wunde noch mal mit Butterflies und Tape zu schließen. Ab jetzt darf sie wieder gehen, aber noch nicht schwimmen. Wir bedanken uns bei Ricardo ganz herzlich und machen noch einige tolle Fotos mit ihm. Er posiert sogar ganz stolz vor seinem Geschäft und mit einem „Pura Vida" steigen wir in unser Auto.

Wieder im Zimmer mache ich mir einen Cappuccino und mit dem warmen dampfenden Becher in der Hand rufe ich über die Wireless Internetverbindung des Hotels meine E-Mails ab und schicke ein kurzes Rundmail an Familie und Freunde. Zum Abendessen haben wir uns wieder mit den Van der Vekens verabredet. Eigentlich wollten wir irgendwo am Strand essen gehen, aber es regnet jetzt so stark, deswegen bleiben wir lieber im Hotel und genießen hier das köstliche Essen: Tenderloin in Gorgonzola-Sauce!

Eigentlich wollten wir den Vormittag noch beim Schwimmbad verbringen bevor wir nach Monteverde weiterfahren. Bert und Rian fahren erst morgen und wir hätten ursprünglich dort wieder ausgemacht. Leider regnet es noch immer und in der Hoffnung, dass das Wetter besser wird, legen wir uns trotzdem beim Schwimmbad hin. Wir sind gestern Abend doch ziemlich von den Mücken gestochen worden und die Mückenbeulen jucken fürchterlich. „Nicht kratzen Mama", sagt Romy, aber dass ist einfacher gesagt als getan und wir sind noch jeden Tag froh um die Anti-Mücken-Creme von Henk aus Sarapiqui! Ich hole meinen Laptop und versuche mich abzulenken. Gemeinsam mit Bert und Rian trinken wir einen Kaffee, gleichzeitig kopiere ich Bert seine Fotos von der Parade in Liberia, die wir verpasst haben. Vielleicht kann ich für meinen Diavortrag noch das eine oder andere Bild nutzen.

Nach dem Mittagessen packen wir unsere Sachen und fahren nach Monteverde. Zuerst müssen wir den Weg nach Santa Cruz und Nicoya zurück fahren. Während ich diesen Weg bereits zum dritten Mal fahre, realisiere ich, dass es gut war Samara zu verlassen. Wir haben einige traumhafte Tage gehabt und, trotz Platzwunde, die Zeit in Jardin del Eden echt genossen! Natürlich muss ich diese Übernachtungen extra bezahlen, aber man soll ernten, wenn das Obst reif ist! Zuhause kann ich nichts mehr machen.

Unterwegs halten wir beim Supermarkt an und füllen unsere Vorräte wie Kekse, Nüsse, Obst, Yoghurt und Wasser wieder auf. Vielleicht machen wir unterwegs noch einen Picknick-Stopp. Gleich daneben halte ich bei der Tankstation an. Dieses Mal benötige ich 30 Liter und zahle nicht mal 18.000 Colon. Billiger geht echt nicht!

Wir gelangen wieder auf die Interamericana und einige Kilometer weiter südlich biegen wir bereits bei Juantus in Richtung Santa Elena – Monteverde. Überrascht bin ich von der Größe dieses Dorfes. Jedes Haus ist wieder hinter Gitter verschlossen, die Straße mit Klinkern bepflastert, die Wäsche hängt draußen im Nebel. Es ist mir wirklich ein Rätsel, wie die Wäsche jemals trocknen wird. Jetzt müssen wir 30 Kilometer eine schmale Straße den Berg hinauf fahren und fast schlagartig ändert sich hier die Natur. Wir sind so richtig im Nebelwald unterwegs und gelangen immer wieder in größere oder kleinere Nebelwolken. Nach 15 Minuten bergauf sind wir auch schon so hoch, dass wir dauerhaft im Nebel fahren. Die Straße ist eine holperige Schotterstraße und wir benötigen für die Strecke bis Santa Elena fast eine Stunde.

Dafür ist die Aussicht, wenn sie gerade mal frei ist, traumhaft. Santa Elena ist ein staubiger Ort, in dem ein wenig Cowboy-Stimmung herrscht. Und soviel Zivilisation haben wir hier nicht erwartet. Zuerst fährst du 30 Kilometer durch Niemandsland, wo nur ganz selten ein Haus entlang der Straße steht. Dann dieses touristische Zentrum mit Restaurants, Hotels, Souvenirgeschäften und sonstigen Einrichtungen. 1951 wurde dieses Gebiet erstmals von einer Gruppe Quäker aus den USA besiedelt, die mit der Produktion von Käse und anderen Milchprodukten bekannt wurde und die Region Monteverde nannten. Noch heute gilt der Monteverde Käse, von den Quäkern produziert, als der beste Käse Zentralamerikas.

Wir fahren durch das Zentrum Santa Elenas durch und folgen der Straße weiter Richtung Monteverde. Das Trapp Family Hotel, es befindet sich zirka einen Kilometer vor dem Eingang des gleichnamigen Nationalparks, ist ein Nichtraucher Familienhotel im Kolonial Stil, mit modernem Restaurant und die Zimmer sind recht groß. Was gleich auffällt, ist, dass es hier in den Bergen ziemlich frisch ist. Vorteil ist, dass wir keine Mücken haben. Das Moskitonetz werden wir hier nicht brauchen. Beim Check-in klärt die Rezeptionistin uns über die Möglichkeiten, die Monteverde und Santa Elena uns zu bieten haben, auf. Wir werden die Liste beim Abendessen mal durchgehen und dann einen Plan festlegen.

Zuerst muss ich die Wunde von Romy noch mal neu verbinden, aber meine kleine Drama Queen schreit wie ein Ferkel am Spieß beim Entfernen der Pflaster. Die Gäste im Nachbarzimmer werden sich sicherlich etwas gedacht haben! Die Wunde ist zu 95 % trocken, nur eine kleine Stelle ist noch offen und glücklicherweise hat sich nichts entzündet. Ich lasse die Wunde über Nacht offen – ich glaube, dass es so am schnellsten heilen wird. Romy sollte ich noch zwei Tage von ausgedehnten Wanderungen verschonen, deshalb besuchen wir am nächsten Tag notgedrungener weise die Kleintiere. Als erstes das Fledermaus Museum. Dieses scheue und meist nachtaktive Tier bekommt man nur selten zu Gesicht. In diesem Haus ist, mit größter Sorgfalt, der Tag-Nacht-Rhythmus der Tiere umgestellt worden. Das bedeutet, dass wir jetzt am Tag die Tiere im aktiven Nacht-Zustand sehen können. So lernen wir, dass Fledermäuse von Honig, Insekten oder Obst leben und davon täglich eine Riesenmenge benötigen. Du kannst dich hier auf eine Waage stellen und ablesen, wie viel Honig, Insekten oder Obst du pro Tag essen solltest, falls du eine Fledermaus wärst. Romy kommt - im Verhältnis - auf 50 Bananen und auf 135 Liter Nektar. Eine unglaubliche Menge für so ein kleines Tier!

Im Nebenraum befinden sich die Flattertiere hinter einer Glaswand. Die Begleitdame schaltet ein Sonargerät ein, damit wir die hohen Töne der Tiere hören können, weil „da wo unsere Hörgrenze bei 18 - 20 kHz aufhört, kommunizieren Fledermäuse erst ab 150 kHz mit einander", sagt sie. „In Costa Rica gibt es übrigens mehr als 100 verschiedene Arten von Fledermäusen, in Deutschland nur 23", erzählt sie weiter. „Die meisten sind klein wie Mäuse, scheu und absolut harmlos". Romy kann sogar einige Babys entdecken, ganz lieb und so süß.

Weil ich mit Romy noch keine lange Wanderungen unternehmen kann, fahren wir zum nächsten Museum: das Ranario; ein schön angelegtes Terrarium mit allerhand Fröschen und Kröten. Romy hat sich inzwischen in den Blue Jeans Frosch verliebt. Das Tier schaut auch so winzig klein aber oh so frech aus, mit seinen blauen Hinterpfoten. Und wir finden hier eine noch giftigere Variante: einen Frosch mit grünen Pfoten, von dem ich den Namen vergessen habe. Eine freundliche Dame begleitet uns entlang der verschiedenen Vitrinen, immer auf der Suche nach den Fröschen.

So, es ist Zeit für eine Pause und wir finden neben einem Serpentario ein kleines Kaffeehaus. Hier kannst du nicht nur Kaffee und köstlichen Kuchen konsumieren, auch handgemachte Souvenirs sind hier zu kaufen. Und natürlich muss ein Blue Jeans Frosch als Kuscheltier mit nach Hause – ist éh klar!

Costa Rica und Kaffee passen wunderbar zusammen. Nicht nur, weil ich gerne Kaffee trinke. Nein, die meisten Export-Kaffeebohnen wachsen hier in dieser Umgebung. Mit einer Besichtigung der Don Juan Plantage, lernen wir alles Wissenswerte über das Thema Kaffee, vom Samen bis hin zum Trocknen und Rösten. Als Christoph Columbus 18. September 1502 an der "reichen Küste" vor Anker ging, gab es hier noch keinen Kaffee. Erst vor rund 250 Jahren wurden die ersten Pflanzen von Kuba eingeführt und als der erste Kaffee im Jahr 1820 nach Panamá exportiert wurde, war dies ein wichtiger Schritt für die lokale Bevölkerung. Costa Rica produzierte als erstes zentralamerikanisches Land Kaffee auf kommerzieller Basis auf einem weltweit vorbildlichen Leistungsniveau. Mit durchschnittlich 1600 Kilogramm werden hier die höchsten Erträge pro Hektar überhaupt erzielt. Die etwa 300 Arabica Spitzensorten begeistern selbst die anspruchsvollsten Kaffeekenner. Viele halten diesen Kaffee wie zum Beispiel auf der Don Juan Plantage noch produziert, für den besten der Welt. Inzwischen steht Costa Rica an dritter Stelle auf der Liste der Exportländer, gleich nach Brasilien und Vietnam.

Wir haben um 3 Uhr mit den Van der Vekens beim Serpentario ausgemacht. Hier befindet sich eine kleine Sammlung von heimischen Schlangen wie zum Bespiel der Korallenschlange. Auch kleine Schildkröten, Leguane, Frösche und Kröten haben hier ein neues Zuhause gefunden. Romy leuchtet mit einer Taschenlampe in die Gehege und sucht in den Verstecken nach den verschiedenen Tieren, während ich die Schlangen fotografiere. Es ist bereits 4 Uhr, als Vince an das Fenster klopft. Es hat heute bei denen etwas länger gedauert. Macht nichts, es war uns noch nicht fad. Wir bleiben noch bis 5 Uhr gemeinsam im Serpentario, danach genießen wir in Stella´s Bakery einen Kaffee und mit einem gemeinsamen Abendessen und eine Flasche Prosecco trinken auf die wunderschöne Reise und lassen den Abend gemütlich ausklingen.

Im Nebelwald

Am nächsten Tag will ich mit Romy einen geführten Morgenspaziergang durch den Monteverde Nationalpark unternehmen. Die Van der Vekens machen eine Canopy Tour, wobei Baumplattformen mittels Stahlseilen bis zu 700 m Länge miteinander verbunden sind. Mit einem Flaschenzug und Klettergurt schwingen die Gäste von einer Plattform zur anderen. Romy's Papa kann dann wohl Bergführer sein, ich bin mir aber nicht sicher ob Romy so was machen würde. Außerdem sollen wir mit ihrer Wunde noch etwas vorsichtig sein.

Es dürfen am Tag nur 100 Besucher auf einmal in den Nebelwald und weil Monteverde der bekannteste und, mit jährlich rund 30.000 Besuchern, auch der meistbesuchte Primärwald Mittelamerikas ist, fahren wir dort früh hin und buchen einen Führer. Der Primärwald ist ein von menschlicher Einflussnahme nicht berührter Wald. Als Sekundärwald beschreibt man die Art von Vegetation, die sich nach der Zerstörung des Primärwaldes durch menschliches Eingreifen (z. B. durch Brandrodung) oder Katastrophen ausbildet. In tropischen Gebieten gibt es einen großen Anteil an Sekundärwald, durch den dort traditionellen Wanderfeldbau. Sekundärwald zeichnet sich durch lichten Baumbewuchs und starkes Buschwerk aus. Außerdem sind auch weit weniger Arten vorhanden als im Primärwald. Bis aus einem Sekundärwald wieder einem Primärwald wird, vergehen rund 100 Jahre. Das biologische Reservat Monteverde ist ursprünglich auf Privatinitiative gegründet worden und dehnte sich durch Landzukauf auf heute 10500 Hektar aus. Maria, unsere Führerin, sagt „auf Grund der hohen Luftfeuchtigkeit und der Höhenlage findest du hier den schönsten Nebelwald Mittelamerikas." Die schweren, bizarr geformten Bäume, um die es in diesem Nationalpark in erster Linie geht, tragen auf ihren Ästen Farne, Moose, Bromelien und Orchideen. Auch der Baumfarn hat hier sein Zuhause gefunden und wächst überall. In dem Park gibt es verschiedene Wanderrouten, die Pfade sind liebevoll angelegt und werden gut gepflegt. Hier haben wir die größte Chance einen Quetzal zu sehen. Dieser Göttervogel wurde schon bei den Mayas und Azteken verehrt. Seine Federn waren Symbol höchster Macht und schmückten die Krone des Aztekenherrschers. Heutzutage gibt es nur noch eine geringe Anzahl und ist der Quetzal nur selten zu sehen. Aber in Monteverde gibt es ein Pärchen, das fleißig an Nachwuchs arbeitet. Maria nimmt uns mit und etwa 10 Meter vom Pfad entfernt, hängt ein Brutkasten im Baum. Wir hören die Baby-Quetzals piepen, aber die Eltern verstecken sich, die sind nicht zu Hause. Eine halbe Stunde bleiben wir mit eingeschalteter Fotokamera und großem Fernrohr in Bereitschaft stehen, aber keine Chance!

Die meisten Touristen sind hier mit einem Führer unterwegs, aber die Pfade sind sehr gut beschildert und sogar mit Höhenmetern und Entfernungen versehen, meiner Meinung nach ist ein Führer nicht wirklich notwendig. Es geht hier im Nationalpark in erster Linie auch mehr um die Fauna, was für Kinder nicht immer interessant ist. Wir sind auf dem Sendero Bosque Nuboso unterwegs, in der Nähe der kontinentalen Wasserscheide. Das Klima wird in diesem Bereich von der karibischen wie der pazifischen Seite beeinflusst. Dadurch sind innerhalb kurzer Zeit drastische Klima-Umschwünge möglich und bringen eine relativ hohe Niederschlagsmenge.

Außer einer Raupe, einem Kiskadee Vogel und einem Tausendfüssler sehen wir nichts. Obwohl ich weiß, dass es sich hier in erster Linie um die Bäume handelt, bin ich doch etwas enttäuscht. Gutmachen tun das die Kolibris, die sich beim Gasthaus am Anfang des Parks im Garten befinden. Sieben verschiedenen Sorten naschen an den mit Zuckerwasser gefüllten Futterflaschen. Hast du übrigens gewusst, dass dieser Vogel der einzige Vogel ist, der rückwärts fliegen kann?

Mit einer Maske, Magneten mit Holztieren drauf und einer Schmuckkiste mit einem Blue Jeans Frosch drauf, verlassen wir den Souvenirshop um diese Erinnerungen mit nach Hause zu nehmen. Wir haben uns um 14 Uhr wieder mit den Van der Vekens verabredet, dieses Mal in ihrem Hotel für Kaffee und Küchen, Schwimmen und später eine Nachtwanderung durch den Wald. Das Nachbarhotel Fonda Vela hat 2 Jacuzzi's und ein Schwimmbad. Ich halte Romy nicht länger „an Land", sie darf wieder schwimmen und freut sich, dass das Wasser auch noch über 35 °C ist. Die Kruste der Wunde wird durch das Wasser wieder weich, aber sie jetzt noch länger vom Wasser fern zu halten, ist schon eine schwere Strafe. Es wird zu Hause wohl heilen.

Während die Kinder Spaß im Wasser haben, höre ich mir die spannenden Geschichten des Flying Fox Abenteuers an. So ist Rian irgendwo in der Mitte einer Zippline hängen geblieben und hat der Führer sie holen müssen. „Es ist einfach nicht weiter gegangen", sagt sie. Und Evi – sie ist 9 Jahre – hat manche Zipp Lines alleine gemacht, manche mit einem Führer zusammen. Es war eine Riesen Gaudi!

Es fängt wieder zu regnen an, außerdem donnert es – die Abendwanderung müssen wir leider absagen. Schade, denn so in der Nacht durch den Wald zu marschieren, wäre sicherlich ein spannendes Erlebnis gewesen. Wir holen die Kinder aus dem Wasser und ich bemerke jetzt, dass es zum ersten Mal draußen echt frisch ist. Wir fahren schnell zurück zum Hotel um etwas Wärmeres anzuziehen – wir haben immerhin die Dschungelhose und Bergschuhe noch an. Zum Abendessen nicht wirklich die richtigen Kleidungstücke. Dieses Mal kommen Rian & Co uns beim Hotel abholen und machen gleich eine Inspektion, welches Hotel besser gefällt. Dieses Mal gewinnt das Trapp Family Hotel – der entscheidende Punkt: wir haben Parkettboden, das Fonda Vela hat Teppich im Zimmer. Ja, auf alles wird geachtet!

Wir fahren hinter einander wieder über den Holperweg zurück nach Santa Elena und sind inzwischen daran gewöhnt, durchgeschüttelt zu werden. Ein Parkplatz ist schnell gefunden, jetzt noch die Postkarten abgeben. Aber wir stehen beim Postamt vor geschlossenen Türen und einen Briefkasten gibt es hier interessanterweise nicht. Wir nehmen die Karten wieder mit und ich werde sie im Hotel abgeben. (Wir waren bereits 3 Wochen zu Hause, als die Karten eingetroffen sind, nur bis zur Sonja hat die Karte 2 Monate gebraucht!) Dann steht Shopping auf dem Programm. Wir besuchen jeden Souvenirshop in der Hoffnung auf tolle Souvenirs, aber eigentlich verkauft jeder Shop das gleiche überteuerte Zeug: T-Shirts, Holzfiguren, Holzkisten, Masken, Schalen aus Kokosnuss, Tischschmuck, etc. Ich nehme nur eine kleine Stofftasche mit Zipp mit, wo ich meine USB-Sticks darin aufbewahren kann und suche mir eine echt kitschige mit extra grellen Farben aus.

Mitten in der Stadt befindet sich das Top Tree Restaurant, ein Lokal im ersten Stock mit einem Baum in der Mitte. Wir sitzen quasi in den Kronen des Baumes, wo farbenprächtige rote „Weihnachts"-Beleuchtung drinnen hängt, die Tische sind aus großen Baumstämmen gemacht worden, echt rustikal! Romy bestellt wieder Spaghetti, ich probiere die Burritos mit Huhn. Der Kellner arbeitet seit einigen Tagen mit einer mobilen Kassa und hat leichte Schwierigkeiten die Sonderwünsche einzutippen. „Hé hello, you cannot order in Facebook", sagen wir ihm spaßhaft und haben einen neuen „Freund" gefunden. Echt gemütlich wird es, wenn die Musik anfängt zu spielen. Aber der Höhepunkt des Abends ist der Cappuccino: der Kellner zeichnet mit einem Holzstäbchen, direkt am Tisch oben auf den Schaum eine Figur, Bert wünscht sich einen Tiger und wird sofort bedient – brillant!

Abenteuer Wasser

Wir sitzen bereits im Auto, fertig zum Wegfahren, als Maureen, die Rezeptionistin hinter uns her rennt. „Du hast eine Rechnung nicht bezahlt!" „Oh ja, glatt vergessen." Bei der Rezeption erledige ich die Zahlung und der Hotelmanager fragt, wo wir heute hinfahren. „Manuel Antonio", sage ich ihm freundlich. „That is not gonna work today", sagt er freundlich zurück. Zuerst glaube ich noch, dass er einen Scherz macht, aber er meint es wirklich ernsthaft. In der Nacht hat es so stark geregnet, dass ein Fluss aus den Ufern getreten ist. Da ist soviel Erde und Schlamm in Bewegung gekommen, dass es eine Brücke auf der Interamericana weggerissen hat. Und dieser Weg war, bis heute Nacht, die einzige Möglichkeit in den Süden zu fahren. Er schlägt uns vor, via Fortuna und San José zu fahren: eine Autofahrt von mindestens 12 Stunden!

Wir verlassen zum zweiten Mal das Hotel und holen Rian und Bert mit den Kindern bei deren Hotel ab, wir werden die Strecke bis Jaco heute gemeinsam fahren. Dort trennen sich unsere Wege dann endgültig. Bert und Rian haben noch nichts von dem Schicksal gehört. Beim Check out fragen wir dort bei der Rezeption noch mal nach der derzeitigen Situation. Der Kerl hinter der Rezeption bestätigt die Geschichte. Er ist aber in dieser Gegend geboren und kennt einen Schleichweg via Sardinal, welcher nur mit einem 4x4 befahrbar ist. Passt, können wir endlich mal das 4x4 Getriebe ausprobieren. Er zeigt uns den Weg auf der Karte und voll guten Mutes fahren wir los. Die Sonne scheint, es ist angenehm warm und bei Stella´s bakery kaufen wir noch Proviant für unterwegs. Das können wir heute sicherlich gebrauchen! Ich merke, dass große Teile der Straße doch etwas beschädigt sind, Muren machen eine Weiterfahrt teilweise schwierig, später müssen wir angeknacksten Bäumen und abgebrochenen Ästen ausweichen. Das muss ein heftiges Gewitter gewesen sein - wir haben herrlich geschlafen und von alledem nichts bemerkt!

Als wir bei der Kreuzung Richtung Sardinal ankommen, geht die Hoffnung der Umfahrung, wie der Fonda Vela Rezeptionist uns erklärt hat, leider nicht auf. Die Zufahrt zum Schleichweg ist gesperrt. Direkt an der Kreuzung sagt ein freundlicher Mann des örtlichen Canopy Centers, dass die Straße etwas weiter Richtung Sardinal komplett vermurt ist und eine Durchfahrt absolut unmöglich ist. Ich habe so das Gefühl, das könnte heute ein „interessanter" Tag werden und fange zu fotografieren an. Es ist Zeit für Plan B.

Wir werden zuerst zur Interamericana fahren und vor Ort schauen, was genau los ist. Johan anrufen ist auch eine gute Idee. Vielleicht weiß er, wie wir fahren können. Der Weg über Fortuna und San José ist für uns sicherlich keine Option. Wir benötigen für die 35 weiteren Kilometer bis zur Interamericana wieder über eine Stunde. Teilweise ist die Straße vermurt, sogar stellenweise leicht überflutet, schnell fahren kommt hier einfach nicht in

Frage. Einmal bei der Interamericana angekommen, biegen wir Richtung Süden ein und fahren bis wir ein großes Restaurant an der rechten Straßenseite sehen. Davor befinden sich zwei Telefonzellen; hier werden wir Johan anzurufen. Irgendwie funktioniert die erste Zelle nicht und als auch die andere Zelle nicht funktioniert, fragen wir im Restaurant nach. Nein, auch die Telefonleitungen funktionieren nicht mehr! Oh la la, da muss echt was Großes passiert sein. Der Besitzer des Restaurants ist sehr freundlich und wir dürfen mit seinem Handy Johan anrufen. „Road Blocks? Weggerissene Brücke? Nein, davon weiß ich nichts." Johan ist seit einigen Tagen mit einer Gruppe Rollstuhlfahrer unterwegs und hat keine Nachrichten gehört. Der kann uns also auch nicht weiter helfen. Gut, wir brauchen jetzt wirklich einen Plan C und schauen auf der Karte nach neuen Möglichkeiten. Ich sehe, dass wir jetzt genau 3 Zentimeter von insgesamt über 25 gefahren sind. Das wird heute echt spannend. Ich habe im Moment noch keine Ahnung ob wir heute Manuel Antonio überhaupt erreichen werden. Gut, was gibt es für Alternativen?

Ich habe in unserem Hotel gehört, dass Gäste über die Halbinsel Nicosia fahren werden und mit der Fähre nach Puntarenas gelangen möchten. Der Reise-Know-How Führer schreibt jedoch, dass die Fähre nur 5-Mal am Tag geht. Ich gehe davon aus, dass die Fähre mit der Situation komplett überfordert sein wird, weil alle Gäste von der Insel diese Lösung in Anspruch nehmen werden. Also für uns keine Alternative! Dann Plan D. Inzwischen beugt sich auch der Besitzer des Restaurants über die

Karte und schaut nach Möglichkeiten. Es gibt schon einen Schleichweg um die Brücke zu umgehen, nur laut Gerüchte ist auch diese Straße komplett überflutet, Autos und LKW´s stecken hier fest.

Wie gerufen, kommt ein Vertreter der Spielautomaten des Restaurants vorgefahren. Enrique - der Besitzer des Restaurants hat inzwischen einen Name bekommen - redet kurz mit ihm, dann erzählt Enrique uns, dass der Vertreter gerade über diesen Schleichweg hierher gefahren ist. „Die Straße steht sicher 50 Zentimeter unter Wasser. Ich bin mit meinem Pick-up gut durchgekommen", erklärt er in verständlichem Englisch. Ich sehe, dass mein Auto sogar etwas höher liegt als seines. Wenn er es geschafft hat, dann können wir das sicher auch! Wir werden Plan D durchführen!!

Rian fragt Enrique, ob er nicht mit uns mitfahren kann und wir sind ganz überrascht, als er auch noch „Ja" sagt. Rian steigt bei uns im Auto ein, Enrique fährt mit Bert mit und nach 5 Kilometern gelangen wir zum „befürchteten" Road Block. Die Polizei steht mitten auf der Straße und lenkt die Autos zur Umfahrung. Da stehen so viele Menschen, Autos und Radfahrer auf der Straße, dass die Polizisten allerhand zu tun haben. Der gesamte Ort ist hier versammelt, zahlreiche Männer haben von zu Hause Stühle mitgenommen, Kinder rennen gefährlich den Autos hinterher, da ist die Hölle los!!! Auch wir werden in die Umfahrungsstraße geschickt. Bert fährt vor uns und wird angehalten – zwei Frauen, die im Ort wohnen, haben kurzerhand beschlossen, dass jedes Auto jetzt Maut bezahlen muss. Die Damen versuchen Geld aus der Situation zu schlagen. Ich habe schon eine leichte Ahnung, was in dem Auto vor mir passiert. Ich sehe Bert nach hinten winken, dass wir das Geld haben und ich verstehe die Botschaft. Er fährt weiter und ich fahre Bleifuss hinterher. Wir werden sicherlich nichts bezahlen!

Es ist ein Wahnsinn, was auf dieser Mini-Straße los ist. Eigentlich ist es eine kleine Gasse oder Zufahrtsstraße, wo im Normalfall maximal 10 Autos pro Tag durchfahren. Jetzt sind ein paar hundert PKW´s, Traktoren, Pick-ups und riesige LKW´s, von zwei bis zehn Achsen, hier unterwegs. Die Einheimischen sitzen gemütlich neben der Straße und schauen sich den Konvoi an. Freundlich winken die Leute uns zu und immer wieder werden wir mit einem „Pura Vida" motiviert. Es ist uns inzwischen aufgefallen, dass nur Einheimische auf dieser Straße unterwegs sind, Touristen sehen wir überhaupt nicht – nur wir!

Wieder werden wir von jemandem angehalten. Dieses Mal ist keine Maut zu zahlen, ein abgeknickter Stromleitungsmast – vermutlich auch vom Sturm - liegt am Boden und wird gerade von einem Kran aufgehoben. Daneben hängen Männer in anderen Strommasten um die Schäden auf zu nehmen und zu reparieren. Nach 10 Minuten Wartezeit geht es weiter und es fällt auf, dass die Wiesen neben der Straße komplett überflutet sind. Überall liegen Blätter und Äste auf der Straße herum. Der Sturm muss hier wirklich ordentlich gewütet haben.

Dann gelangen wir an die Stelle, wo die Straße tatsächlich mit 50, wenn nicht 70 Zentimeter Wasser überflutet ist. Wir halten an und schauen uns die Situation erst etwas genauer an. Da kommt gerade ein Auto von der anderen Seite angefahren und wir schauen zu. Bert steigt aus und berichtet: „Enrique sagt, dass wir in der Mitte der Straße bleiben und auf gar kein Fall anhalten sollen." Okay, ich habe die Botschaft verstanden. Das Auto, das von der anderen Seite gekommen ist, hat uns bereits passiert und ich muss sagen, es schaut nicht so schwierig aus. Außerdem sind so viele Menschen hier auf den Beinen, wenn ich stecken bleibe, wird mich wohl jemand retten. Ich bin für das große Abenteuer bereit! Trotzdem steigt das Adrenalin im Blut „leicht" an, auch Romy findet die Situation sehr spannend und johlt vor lauter Aufregung. Wir stellen die Fotokameras in Bereitschaft, noch ein Mal tief durchatmen, 4x4 einschalten und los geht es...

Ich fahre im zweiten Gang, lenke das Auto zur Straßenmitte und praktisch gleichzeitig steigt das Wasser bis zum Türrand an. Rian hängt halb aus dem Fenster und fotografiert, ich habe meinen Arm auch aus dem Fenster hängen, inklusive Kamera und fotografiere ebenso. Rechts neben der Straße sitzt ein Junge auf einer Erhöhung mit seinem Laptop auf dem Schoß. Er hat die Webcam eingeschaltet und richtet diese auf die vorbei fahrenden Autos und tatsächlich, als ich vorbei fahre, sehe ich mein Auto auf dem Bildschirm vorbei fahren! „Pura Vida" schreit er uns nach. Na, ist das ein Spaßvogel!!!!

Wir kommen gut voran, auch Bert, der vor uns fährt, meistert die Sache prima. Da nähern sich jetzt einige Autos von der anderen Seite. Ich fahre trotzdem in der Mitte der Straße. Erst im letzten Moment sehe ich, dass die Autos eine Art Flutwelle vor sich in unsere Richtung schieben und diese bereits auf Bert´s Auto aufprallt. Das Wasser klatscht sicherlich 3 Meter hoch und rollt dann über das Auto zur Rückseite weg. Schnell ziehe ich meinen Arm samt Kamera ins Auto hinein und versuche das Fenster schnell zuzumachen... leider zu spät! Die Welle knallt auf unser Auto, ein Teil des Wassers spritzt durch mein Fenster ins Auto und natürlich bin ich klitschnass geworden. Die Kamera habe ich in die Höhe gehalten und Gott sei Dank ist sie fast trocken geblieben. Inzwischen rollt der Rest der Flutwelle über die Windschutzscheibe, das Dach und gleitet auf der Hinterseite des Autos wieder ins Wasser zurück. Und da ist bereits das zweite entgegenkommende Auto, auch mit einer Flutwelle. Jetzt mache ich das Fenster ganz zu und die Welle knallt wieder mit einer Wucht auf unser Auto. Für einige Sekunden fahre ich im Blindflug, trotzdem haben wir echt Gaudi bei der Aktion!

Als wir an der anderen Seite aus dem Wasser fahren, werden wir von einer Gruppe Jungs jubelnd begrüßt. Die Daumen gehen hoch und mit einem „Pura Vida" werden wir gelobt, als „Touris" die Sache mit Bravur gemeistert zu haben. Wir verabschieden uns mit einem Foto der Truppe von dieser Szene. Enrique sitzt im Auto daneben und wird sich wohl einiges gedacht haben ... verrückte Holländer!

Zehn Minuten später gelangen wir zur Kreuzung mit der Interamericana und biegen hier nach links ein. Das Restaurant von Enriques Bruder liegt in der Nähe der weggerissenen Brücke. Wir werden ihn dort absetzen. Wir gelangen jedoch zu einem Road Block, aber der Polizist lässt uns weiterfahren. Auf diesem Teil der Straße stehen zahlreiche LKW´s. Durch ihre Länge können sie hier auf der schmalen Straße natürlich nicht mehr umdrehen. Das Bankett ist überflutet und Muren haben große Teile der Straße unter sich vergraben. Bagger sind gerade dabei, die Straße wieder sauber zu machen, Flüsse auszubaggern und die abgebrochenen Äste zu entfernen. So ein Chaos hier, das habe ich wirklich noch nie gesehen. Beim zweiten Road Block darf nur das Auto eines Costaricanischen Fernsehsenders weiterfahren. Enrique kann ab hier nur zu Fuß weitergehen und steigt aus. Schnell drückt Rian ihm noch 20.000 Colon in die Hand. Wieder schaut er uns mit einem „verrückte Holländer" Blick an, aber er hat uns so irrsinnig geholfen. Jede andere Option hätte uns viel mehr Geld und vor allem Zeit gekostet. Und ein Abenteuer ist auch was wert. Wir verabschieden uns von ihm und werden dann von der Polizei doch etwas strenger gemahnt zu gehen.

Wir fahren zur Kreuzung zurück, tanken das Auto voll und setzen uns zufrieden ins Restaurant gegenüber der Tankstelle. Bevor es weiter geht, werden wir uns erst mal mit einem Mittagessen stärken. Als ich auf der Karte nachschaue, sehe ich, das wir bereits einen Zentimeter weiter sind und dafür sicherlich zwei Stunden gebraucht haben. Bis Quepos sind es noch mindestens 3 Stunden, eher etwas mehr und gestärkt, steigen wir wieder in das Auto ein. Rian nimmt ihren Platz neben Bert wieder ein und gemeinsam folgen wir unserem Weg Richtung Süden. Wir sind entweder nicht mehr so konzentriert, oder die Beschreibungen sind schlecht. Jedenfalls fahren wir einige Male falsch und es ist bereits halb fünf, als wir bei der berühmten Tarcoles Brücke kurz vor Jaco ankommen. Diese Brücke ist zum einen berühmt, weil dein Auto hier auf dem Parkplatz anscheinend ausgeraubt wird. Zum anderen - und das gefällt mir besser - wegen der Krokodile, die sich unter der Brücke aufhalten. Wir parken das Auto vor der Brücke gegenüber dem Restaurant rechts und Bert opfert sich als starker Bär um Räuber von unserem Auto fern zu halten. Inzwischen wandern Rian und ich mit den Kindern auf die Brücke. Der Fußpfad ist ziemlich schmal und echt fürchten tun wir uns, wenn Autos und LKW´s mit mindestens 50 KMH am Tacho vorbei dröhnen. Die gesamte Brücke federt mit und die Haare flattern im Gesicht. Wir sehen bereits das erste Krokodil, das sich in der Strömung des Flusses mittreiben lässt. Am Ufer liegen noch einige stämmige Burschen. Oder Mädels, das kann ich so nicht beurteilen. Aber die Kolosse sind echt enorm, ich schätze so 3 bis 4 Meter lang. Auch im Wasser tauchen ab und zu zwei Augen auf.

Rian wechselt Bert noch kurz ab und traut sich die Autos gegen angebliche Räuber zu hüten. Da wird an dieser Geschichte sicherlich was dran sein, wir haben jedoch nichts Bedrohliches gesehen. Nur freundliche Menschen im Restaurant und bei den zahlreichen Souvenirshops.

Wir fahren noch 25 Kilometer gemeinsam Richtung Süden und verlassen in Jaco die Autobahn. Die Van der Vekens werden hier in Jaco übernachten und hier trennen sich unsere Wege. Romy und ich fahren noch nach Quepos weiter und in drei Tagen nach Hause, während die Familie noch eine Woche in Costa Rica bleibt. Im strömenden Regen verabschieden wir uns ganz herzlich aber auch etwas traurig von einander. Während einer Reise lernt man zahlreiche Menschen kennen und es ist oft ein fast stillschweigendes Übereinkommen, dass man während der Reise nett mit einander auskommt, aber sich die Wege nachher schmerzlos trennen. Wir haben diese vier Menschen jedoch als herzliche, warme und freundliche Reisegefährten kennen gelernt und werden sicherlich Kontakt halten. Und das gegenseitig. Es ist dann auch ziemlich still im Auto, als wir die letzten 70 Kilometer entlang endloslangen Dattelpalmfeldern nach Quepos fahren.

Die Unterkunft ist wieder ganz liebevoll. In einem prächtigen Garten liegen die Bungalows reihenweise aneinander gegliedert, das Schwimmbad und Restaurant als zentraler Mittelpunkt dazwischen. Wir beziehen Bungalow Nummer 18, schmeißen das Gepäck in eine Ecke und springen erst mal in dem Swimmingpool. Mit der untergehenden Sonne im Hintergrund eine herrliche Kulisse diesen spannenden und abenteuerlichen Tag zu Ende gehen zu lassen.

Fliegen lernen

Wir sitzen gemütlich beim Frühstück, als die ersten Abenteurer, hängend an einer Zippline, angeflogen kommen und fast im Restaurant landen. Eine Canopy Tour endet hier direkt im Garten des Hotels. Die Van der Vekens haben eine Canopy Tour in Monteverde unternommen und so enthusiastisch darüber erzählt, dass Romy das jetzt auch will. Ich bin mir nicht ganz sicher, ob so eine Canopy Tour auch für Kinder von 7 Jahren geeignet ist. Inzwischen schaut Romy der Gruppe im Garten ganz genau zu und ich muss sagen, der Flug ist nicht wirklich schnell und die Landung sanft. Ja, Romy will die Tour machen! Ich frage bei der Rezeption kurz nach und bekomme eine Bestätigung, dass Kinder von 7 Jahren gerne mitkommen können. Ich frage Romy noch 4-mal ob sie wirklich will, da folgt ein sehr entschlossenes JA! Ich zahle US$ 45 pro Person, eigentlich kostet die Tour US$ 55, aber als Kunde des Hotels bekommen wir Ermäßigung, und wir buchen die Tour um 10.30 Uhr.

Wir werden von einem Mann mit einem kleinen Minibus beim Hotel abgeholt. „My Name is Luis, but my friends call me Monkey", sagt Luis und auch wir dürfen Monkey sagen. Auch Heintje aus Amerika und Deiver, Führer Nummer zwei, steigen zu uns in den Minibus und gemeinsam fahren wir in zehn Minuten bis zum Einstieg der Canopy. Sitzgurt, Helm und Handschuhe werden bereit gestellt und ich schaue mir die Sachen erst mal gründlich an. Als frühere Frau eines Bergführers habe ich doch einiges an Erfahrung, was das Material anbelangt. Außerdem habe ich ein wachsames Auge offen, für alles was hier passiert. Wir wandern zehn Minuten durch den Wald, bis wir bei einem kleinen Übungsgelände ankommen. Monkey erklärt mit größter Sorgfalt, welche Aufgaben wir zu tätigen haben. Immer eine Hand hinter dem Kopf und eine Hand vorne an der Leine für das Gleichgewicht, Beine nach vorne gestreckt und gekreuzt und er erklärt wie wir bremsen müssen. Zwischendurch läßt er immer viel Zeit, damit ich Romy die Aufgaben übersetzen und erklären kann und Monkey zeigt es Romy auch noch langsam vor. Die Instruktion dauert so etwas länger, aber Romy kennt sich jetzt gut aus und ist bereit. Los geht´s!

Deiver fliegt zuerst, damit wir an der anderen Seite sicher ankommen können. Heintje und ich folgen. Romy möchte die erste Zippline alleine machen. Sie bremst jedoch zu viel und zu früh und bleibt 5 Meter vor der Plattform hängen. Rian hat erzählt, dass auch sie bei einer Line hängen geblieben ist und wir haben darüber so gelacht, Romy weiß was passieren wird: Deiver wird sie holen. So gesagt, so gemacht. Er lässt sich 5 Meter hinunter, bindet Romy an und arbeitet sich mit Romy wieder hoch. Bei der zweiten Line weiß sie, wie es geht und meistert diese mit Bravour.

Es sind insgesamt 14 Zipplines, die längste erstreckt sich über eine Länge von 450 Metern und die Lines befinden sich teilweise in einer Höhe von ca. 20 Meter über den

Boden. Wir sausen von Plattform zu Plattform, manchmal so nah an einem Baum vorbei – da musst du wirklich aufpassen und die Beine gut vorne halten. Als Romy die nächste Plattform nicht sehen kann, will sie mit Monkey gemeinsam fahren. Er bindet sie bei ihm an und gemeinsam baumeln die Zwei durch den Regenwald zur nächsten Plattform. Ich habe meine Kamera natürlich mitgenommen und versuche jetzt dieses Abenteuer auch zu filmen. Romy traut sich immer mehr zu und weiß auch genau, welche Aufgaben sie zu tätigen hat, wenn sie auf der Plattform angekommen ist – ich bin superstolz auf sie! Die „Berg-Gene" hat sie sicherlich von ihrem Papa geerbt!

Am Ende der Tour folgt eine lange Line, welche über einen Bach führt und tatsächlich landen wir am Ende der Line quasi im Restaurant des Hotels. Hier bekommen wir auch etwas zu trinken und ein Obstteller steht für uns bereit. Romy trägt ihren Namen in das Gästebuch ein, dann verabschieden wir uns von Deiver, Monkey und Heintje. So ein Abenteuer!

Am Nachmittag fahren wir nach Quepos. Unser Hotel liegt beim kleinen Flughafen zirka 5 Kilometer von der Stadt entfernt. Als wir für „Froggie" gerade einen Parkplatz gefunden haben, fallen die ersten Regentropfen schon wieder vom Himmel. Und, weil es keinen Zufall gibt, stehen wir direkt vor der Türe eines Caféhauses. Wir bestellen einen Cappuccino und Apfelsaft, dazu nehmen wir einen frischen und herrlich aussehenden Karotten-Kuchen. Am Tisch neben uns sitzt die holländische Familie, die wir in Samara in dem schrecklichen Hotel kurz kennen gelernt haben. Wir erzählen über Jardin del Eden und das Interamericana-Abenteuer. Die Familie erzählt, dass sie in Samara mit ihren Kindern beim Arzt waren. Die Kinder hatten von dem fürchterlichen Schwimmbad des Hotels Ohrenentzündung bekommen. Na Super!

Als der Regen nachlässt, verabschieden wir uns wieder und wandern in die Stadt hinein. Ich bin auf der Suche nach einer Zeitung, wo über die Katastrophe an der Interamericana berichtet wird. Und Souvenirs natürlich. Wir haben eigentlich noch nicht viel gekauft, das müssen wir nachholen. Mitten auf dem Gehsteig hat eine Dame ein Tisch aufgestellt, wo sie Lose verkauft. Und sie liest eine Zeitung mit einem Foto von der eingestürzten Brücke auf der Vorderseite! Die brauche ich! Ich frage die Dame, wo wir diese Zeitung kaufen können. Sie zuckt mit den Achseln – „aqui", sagt sie. Ich darf ihre Zeitung haben. Ich bedanke mich natürlich sehr herzlich bei der Dame.

Quepos liegt direkt am Meer und der Strand schaut hier schrecklich aus – nichts mit Bounty-Strand. Auch die Wellen ragen meterhoch hinauf und schlagen mit großer Gewalt auf den Strand. Ohne Souvenirs, weil alles irgendwie gleich ausschaut, fahren wir zum Hotel zurück, Romy springt unter die warme Dusche und ich aktualisiere mein Tagebuch. Auch die E-Mails sind mal wieder an der Reihe. Gemütlich verbringen wir den Nachmittag in unserem Zimmer und genießen das

Nichtstun. Nur ärgere ich mich über die großen Ameisen, die ständig durch das Zimmer marschieren. Aber wir sitzen sicher unter dem Moskitonetz.

Am Abend essen wir zum ersten Mal das costaricanische Nationalgericht: Casado - Reis mit Huhn und Gemüse und lassen es uns gut schmecken. Sogar Romy schleckert einen ganzen Teller weg!

Killer-Spray

Nach dem Frühstück fahren wir weiter in südlicher Richtung. Unterwegs bleiben wir kurz bei einer Telefonzelle stehen. Romy möchte mit unseren letzten Colons unbedingt ihrem Papa von ihrem Canopy-Abenteuer erzählen. Heute besuchen wir den bekannten Nationalpark Manuel Antonio. Es fällt auf, dass es entlang der Straße immer touristischer wird. Hotels, Restaurants und allerhand Ausflugs- und Touranbieter sind hier an einander gereiht. Irgendwo in Internet haben wir gelesen, dass bereits einige Kilometer vor dem Nationalpark sogenannte Parkwächter versuchen dich aufzuhalten und tatsächlich. Ein Mann steht mitten auf der Straße und versucht uns auf einen Parkplatz zu lotsen – 3 Kilometer vor dem Eingang! Wir fahren an ihm vorbei und können noch einige „illegale" Parkwächter bei der Arbeit beobachten. Wir fahren, bis die Straße nicht mehr weiter geht. Hier ist der offizielle Parkplatz des Nationalparks, Rangers warten schon auf dem Parkplatz und versuchen „sich" zu verkaufen. Für 2000 Colon parke ich unser Auto und ein security guide passt auf unser Auto auf, während wir im Nationalpark sind. Damit wir zum Eingang des Parks gelangen, müssen wir in einen kleinen versteckten Pfad einbiegen und tatsächlich stehen wir 5 Minuten später vor dem Eingang. Und mich trifft der Schlag! So viele Menschen – unglaublich! Das habe ich während der gesamten Reise in Costa Rica noch nicht gesehen. Wir warten vor der Kassa mindestens 15 Minuten, ein Faultier hält sich genau oberhalb der Kassa in einem Baum auf und sorgt für Entertainment, während wir in der Schlange warten.

Mit den Eintrittskarten in der Hand folgen wir dem Konvoi zum Eingang. Wir haben heute keinen Führer gebucht und das ist auch nicht notwendig. Wir können von weitem und fernen sehen, ob ein Führer ein Tier gefunden hat. Da wo ein Knäuel Menschen zusammen steht, da ist irgendwas – garantiert! Der Nationalpark ist zwar mit sieben km² der kleinste Nationalpark Costa Ricas, beinhaltet aber sowohl die Palmenwälder am Pazifik als auch zwölf der Küste vorgelagerten kleinen Inseln. Er ist bekannt für seine vielen, nicht menschenscheuen Tiere, wie die Kolonie Totenkopfaffen und gleich nach dem Eingang werden wir auch von einer Truppe verfolgt und fast überfallen. Wir müssen unsere Sachen gut im Auge behalten, sonst klauen die frechen Affen unsere Sachen. Beim nächsten Menschen-Knäuel können wir noch ein Faultier beobachten, wieder etwas weiter sehen wir große Landkrabben und Brüllaffen.

Langsam löst sich der Konvoi auf. Manche Menschen bleiben etwas zurück, manche sind komplett mit Kühlbox, Strandstühlen und Parasols bereits nach vorne gerannt. Der Nationalpark liegt direkt am Meer und mittels der Wanderwege gelangst du zu den verschiedenen Stränden. Und da ist natürlich die Hölle los! Die Einheimischen, die zum Strand gerannt sind, haben sich bereits ordentlich breit gemacht, Strandstühle und

Parasols aufgestellt und ein gekühltes Bier aus der Kühlbox in der Hand. Was dies alles noch mit Nationalpark, Natur- und Tierschutz zu tun hat, weiß ich nicht. Der Park ist inzwischen immer am Montag geschlossen, damit das Personal den Müll von der ganzen Woche wegräumen kann. Unfassbar oder?!

Wir wandern über den Strand und suchen ein ruhiges Plätzchen – erfolglos und umsonst. Einerseits, weil der Konvoi noch lange kein Ende gefunden hat, andererseits, weil Strandgäste von den Totenkopfaffen regelrecht belagert werden. Immer wieder hörst du einen Schrei und rennt ein Affe - meistens mit erbeutetem Essen - zurück in den Wald. So schnell kannst du gar nicht schauen.

Das Wasser des Meeres ist angenehm warm, die Brandung heute etwas kräftig, wir bleiben deshalb am Rand des Wassers. Außerdem müssen wir unsere Sachen gegen die Affen verteidigen. Kleine Krebse rennen mit den unterschiedlichsten Häusern auf dem Rücken über den Strand und ein Waschbär klaut bei der nächsten Kühlbox etwas Essbares. Obwohl der Himmel mit einer dünnen Wolkenschicht bedeckt ist, ist es erstickend warm. Die Luftfeuchtigkeit ist wieder erbärmlich hoch. So warm haben wir es, glaube ich, noch nicht gehabt. Heute Morgen haben wir bei der Rezeption nach dem Wetter gefragt und der Mann hat gesagt, dass es heute bis zirka 14 Uhr schön bleiben wird. Juli und August nennen die Ticos die sogenannte vorhersehbare Regenzeit. Morgens ist es immer schön und du kannst deine Aktivitäten machen, der Regen kommt am Nachmittag. Kurz und heftig. Und genau so war es. Jeden Tag, wir können das bestätigen. Und trotzdem eine prima Reisezeit!

Gewarnt wandern wir bereits um 12 Uhr zurück zum Auto und direkt oberhalb von unserem Auto hängt ein Faultier im Baum. Wir beobachten es eine Weile und staunen über seine wirklich unglaublich langsamen Bewegungen. Wir tauschen unsere Bergschuhe für ein Paar Sandalen, die lange Hose für eine kurze, verabschieden uns von „Faulie" und besuchen das Restaurant direkt neben dem Parkplatz. Romy bestellt einen Hamburger, ich nehme Thunfisch-Salat, dazu einen Saft – dieses Mal Ananas mit Mango und wir genießen das herrliche Ambiente am Meer.

Zurück im Hotel springen wir gleich ins Schwimmbad. Das Wasser ist herrlich kühl, genau die richtige Temperatur, welche wir im Moment brauchen. Julio, von der Rezeption kommt vorbei und grinst über seine Wettervorhersage. Wie er heute früh prognostiziert hat, war das Wetter heute wirklich schön und am Horizont schaut es bereits schwarz aus. „14 Uhr", sagt er noch mal.

Eine halbe Stunde war er daneben, erst um halb 3 fängt es zum Regnen an. Wir haben es uns inzwischen mit einem Cappuccino und warmem Kakao in unserem Zimmer gemütlich gemacht. Romy schaut eine DVD auf dem Laptop, ich schreibe die letzten Abenteuer in meinem Tagebuch auf und lese in unserem Reiseführer, welche Möglichkeiten wir morgen haben. Morgen fahren wir zurück nach San José – bald sind wir am Ende der Reise.

Nach dem Abendessen – wir haben wieder Casado gegessen – wandert wirklich eine Kolonie Ameisen durch unser Zimmer. Sicherlich 30 enorme Exemplare haben sich in der Klo-Schüssel versteckt, noch mal 10 haben es sich in unserem Bett gemütlich gemacht, grauslich! Wir haben solche Ameisen auch in Indonesien in unserem Zimmer gehabt *(Lese auch Reisfelder – mit meiner Tochter auf Abenteuerreise durch Indonesien - ISBN 978-3-7431-6533-5)*. Jetzt reicht es! Wir besuchen die Rezeption und fragen, ob da nicht was gemacht werden kann. Julio funkt mit seinem Freund, dem Hausmeister, und schickt ihn mit Spray zu unserem Zimmer. Zuerst sieht er drei Ameisen am Boden und wird sich gedacht haben: „Meckertante". Aber als ich ihm die Klo-Schüssel zeige, fällt er fast in Ohnmacht. Sowas hat er noch nicht gesehen – na toll!

Der Freund funkt jetzt Julio an, er muss sich das mal selbst anschauen. Inzwischen legt der Freund Ameise für Ameise mit einem Spritz aus der Spraydose stillschweigend in Ohnmacht. Julio meldet sich an der Türe und auch er findet diese Sache nicht lustig. Er will uns ein anderes Zimmer anbieten, aber das ist nicht notwendig. Wir haben immerhin das Moskitonetz aufgehängt. Dann kommt der Housekeeper mit Kübel und Putzfetzen – er muss den Boden von den Leichen säubern, der Freund hat bereits 60 Stück mit der

Spraydose umgelegt. Auch Romy und ich fallen vom Spray fast in Ohnmacht, aber dafür hat Julio wieder eine andere Spraydose – einen neutralisierenden Duft! Der Vorteil ist, dass die Moskitos diese Attacke auch nicht überlebt haben. Na dann – Gute Nacht!!!

„Pura Vida"

Eine gute Nacht war es dann doch auch nicht – unser Nachbar ist um 1 Uhr in der Nacht stock-angesoffen in sein Zimmer gekommen, hat die gesamten Hitradio Top 30 gesungen und sich als Belohnung dann 3 Stunden lang übergeben! Wir hätten sein Klo auch mit der Spraydose bearbeiten sollen… ohne neutralisierende Duft – versteht sich.

Nach dem Frühstück fahren wir gemütlich zurück Richtung Jaco und biegen hier rechts Richtung San José. Wir haben heute zwei Möglichkeiten: den Poas Vulkan oder den kleinen Carara Nationalpark, bekannt für seine roten Aras. Romy darf sich einen Ausflug aussuchen und hat sich für die roten Aras entschieden. Wir haben bis jetzt erst 2 Aras gesehen, es wäre toll, wenn wir diese wunderschönen Vögel hier etwas genauer beobachten könnten.

Beim Eingang zahlen wir wieder US$ 10 für mich und US$ 1 für Romy. Erst dann erzählt die Dame an der Kassa, dass die Aras in dieser Zeit des Jahres auf ihren Nestern, hoch in den Baumkronen, sitzen. Es ist somit sehr schwierig, die Tiere zu finden und zu sehen. Dann wandern wir einfach so eine Runde durch den Wald. Wir bemerken, dass wir inzwischen genug Dschungel gesehen haben – es schaut auch überall fast gleich aus. Und hier führt die Hauptstraße auch noch direkt am Park vorbei – nicht gerade relaxt.

Flott meistern wir die letzten Kilometer nach Alajuela, in der Nähe des Flughafens. Spätestens um 18.00 Uhr müssen wir „Froggie" beim Hotel zurückgeben, nur bevor es so weit ist, haben wir uns noch ein letztes Mittagessen in Costa Rica verdient – ein deftiges! Wir fahren von der Autobahn und gelangen in eine Einkaufsstraße mit zahlreichen noblen Restaurants: Wendy, Mc Donalds, Kentucky Fried Chicken, Burger King und die Pizzahut. Auch in Costa Rica hat sich die internationale Leckerbissen-Küche durchgesetzt. Beim Letzten bestellen wir eine köstliche Pizza und genießen die Zivilisation.

Entlang der starkbefahrenen Straße in der Nähe des Flughafens liegt das komfortable Hotel Trapp etwas versteckt zwischen zwei Gebäuden. Wir sind bereits zwei Mal vorbei gefahren, als ich beim dritten Anlauf in letzter Sekunde das Hinweisschild am Boden sehe. Ein kleiner Pfad führt zu einem großen grünen Gittertor, welches von einem freundlichen Parkwächter speziell für uns geöffnet wird. Dahinter liegt das kleine Hotel in einer unerwarteten Ruhe-Oase.

Es ist erstaunlich wo manche Pfade so hinführen. Nach dem Abendessen setze ich mich auf den Balkon und genieße die letzten Sonnenstrahlen. In Gedanken lasse ich die Reise noch mal Revue passieren. Das Reisefieber hat uns dieses Mal in den Dschungel verschlagen. Und eines haben wir hier in Costa Rica gelernt: Pura Vida – genieße das Leben! Ich bin gespannt, wo das Fieber uns als nächstes hinführt…

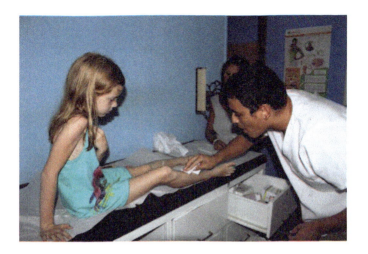

Mit Platzwunde bei Ricardo

Brücke durch Gewitterfront weggeschlagen. Umplanen!

Boca Tapada: Marco, Hugo und Miguel grüßen euch!

Am Strand von Tortuguero Nationalpark

Leguanen Aufzuchtstation Keköldi

Zubereitung Kakao bei den Bribri Indianern

Irazú Vulkan, Orosi | Reittour San Gerardo de Dota

Business Class

Treppe hoch, ewig weit gehen, Treppe wieder runter, von Terminal A nach C, Treppe wieder rauf. Die Luxx Lounge am Frankfurter Flughafen ist zwar ein netter Aufenthaltsort, wenn du eine längere Umsteigezeit hast, aber es ist ein weiter Weg dorthin zu kommen. Ich besitze als Reiseveranstalter einen Lounge Pass und kann weltweit viele Lounges für mich und meine Gäste reservieren. Die Kosten betragen ungefähr 30 Euro pro Person, dafür sind Essen und Getränke im Preis inkludiert. In den meisten Lounges ist es sehr ruhig mit komfortablem Ambiente, gratis WIFI und… einem sauberen Tisch. Ich ärgere mich auf den Flughäfen immer so, wenn die Tische in den Restaurants so dreckig sind und niemand sein schmutziges Geschirr wegräumt. Ich habe gelernt, die Lounges in meine Reisen zu integrieren und kann sie, vor allem für Familien mit Kindern, nur empfehlen!

Gemütlich mit einem Kaffee, Orangensaft und einer Kleinigkeit zu essen setzen wir uns in eine ruhige Ecke der Lounge. Romy hat gerade ein Bild von ihrer Boarding Karte gemacht und sich bei ihren Freunden auf den Socials abgemeldet. „Hast du die Boarding Card gut gelesen?", frage ich sie. „Wieso? Was gibt´s?", antwortet sie. Und nach dem 3. Mal lesen, sieht sie es dann endlich drauf stehen. Business Class. Fragend schaut sie mich an. „Fliegen wir Business Class? Ist das nicht sauteuer?"

Ich habe meine Flüge bereits 14 Monate - ja 14 Monate!! im Voraus bei Condor gebucht. Damals war ich mitten in den Recherchen für Kuba und wollte das Land neu ins Programm aufnehmen. Ebenso wollte ich die neue Premium Economy Class an Bord der Condor Flüge ausprobieren und habe einen Hinflug nach Kuba und retour ab San José gebucht. Was viele oft erwarten, ist in der Praxis aber nicht wahr. Ich bekomme für meine Flüge keine Ermäßigungen und zahle ebenfalls den vollen Tarif. „Weil du in der Hauptsaison fliegst" ist die Antwort von Condor. Dass ich meine Gäste auch in der teuersten Saison an die Airlines „vergebe", spielt dabei keine Rolle. Aber da sind alle Airlines gleich, ich bin noch nie umsonst oder günstiger geflogen und habe auch noch nie ein Upgrade bekommen. So buche auch ich meine Flüge dann, wenn sie am günstigsten sind. Ewig lange vorher.

Nach weiteren Monaten Recherchen hat sich dann mehrfach herausgestellt, dass Kuba für mich als Reiseveranstalter nicht so organisierbar ist, wie ich die anderen Destinationen im TRAVELKID Programm anbiete. Es gibt kaum Familienzimmer, keine Zimmer mit Verbindungstüre, am Land wird oft für Leistungen keine Haftung übernommen, der Service von den Agenturen ist echt schlecht und so habe ich noch eine lange Liste von Sachen, die in der Praxis nicht funktionieren. Denn, obwohl du als Gast eine Hotelbestätigung in der Hand hast, wird ein Zimmer manchmal vom Hotelbesitzer auch vergeben. Einfach weil der neue Gast einen Tag länger bleibt. So habe ich irgendwann meine

Kubaflüge storniert und in Flüge nach Costa Rica umgebucht. Gott sei Dank hatte ich meine Flüge in der Premium Economy Class gebucht. Da ist es möglich, die Flüge noch zu ändern. Und weil ich sie sowieso umändern musste, hat es sich so ergeben, dass ein Upgrade in die Business Class nur einen geringen Aufpreis gekostet hat. Das war es mir mal wert! Ich habe allerdings Romy nichts davon erzählt und jetzt 2 Stunden vor Abflug strahlt sie von einem Ohr zum anderen wegen dieser Überraschung.

Ein Mal an Bord nehmen wir uns vor, die Zeit und das Angebot voll zu genießen. Erstaunlich, wie schnell man sich an den Status gewöhnt. Noch erstaunlicher finde ich es immer wieder zu sehen, was sich alles noch so in die vorderen Sitzreihen „verirrt". Aussehen ist dabei echt kein Maßstab für den Inhalt jeder Geldbörse. Und „Shaming Passengers" findest du echt nicht nur in der Economy Klasse.

Nach 9,5 Stunden Flug von Frankfurt nach Santo Domingo und 2,5 Stunden weiter nach San José kommen wir erholt, ziemlich ausgeschlafen und bevorzugt behandelt aus dem Flieger. Nach den Customs hebe ich noch etwas Geld bei der ATM Maschine im Gepäckraum ab. Du solltest am Flughafen lieber kein Bargeld wechseln, die Wechselkurse sind erbärmlich schlecht. Dafür spuckt der Automat kleine Beträge kostengünstiger mühelos aus.

Johan wartet draußen schon auf uns und es ist ein nettes Wiedersehen. Johan ist der Besitzer einer Incoming Reiseagentur auf Costa Rica und bucht für mich alle Rundreisen. Er kennt Costa Rica wie seine Westentasche, weißt ganz genau, welche Kriterien eine TRAVELKID Reise erfüllen muss und ist echt übergenau in seiner Arbeit. Johan kann man nicht leicht bei einem Fehler ertappen. Das ist auch gut so, weil dann weiß ich, dass jeder Costa Rica Gast auch in guten Händen ist und eine schöne gut organisierte Rundreise genießen wird. Das bestätigen auch die Feedbacks.

Es ist noch sehr früh, noch nicht mal 5 Uhr morgens. Wenn wir jetzt zu unserem Hotel fahren würden, können wir noch nicht ins Zimmer. Und im Hotel oder in der Stadt herumhängen möchten wir um diese Uhrzeit auch nicht. Aus diesem Grund bietet Johan gleich vom Flughafen aus einen kleinen Ausflug an. Die Fahrt geht zuerst zum kleinen La Paz Wasserfall in der Nähe des Poas Vulkans. Und nach einer kurzen Kaffeepause geht es weiter die Zufahrtsstraße hoch, wo um 8 Uhr dann der Poas Nationalpark seine Pforten öffnet.

Der Poas Vulkan liegt inmitten des 5.600 Hektar großen Poas Nationalparks und erreicht eine Höhe von über 2.700 Metern. Seit der letzten aktiven Phase in den 1950er Jahren ist er am Erlöschen, seinen letzten großen Auftritt hatte der nun zahme Riese 1952, als er Asche und Rauch bis zu 8 km hoch in die Atmosphäre schleuderte. Punkt 8 Uhr stehen auch wir vor dem Eingangstor und können nicht mal 10 Meter weit sehen. Der Nebel hängt über dem Vulkan und wir werden Null Sicht haben. Dass man freie Sicht auf den Vulkan hat, ist in dieser Reisezeit eher selten als üblich. Enttäuscht drehen wir um und fahren den Berg wieder hinunter nach San José.

Vor 6 Jahren haben wir im Gran Hotel übernachtet. Seit April 2016 ist das Hotel von einem neuen Besitzer übernommen worden und der hat erst mal eine größere Renovierung geplant. Das war auch ein wenig notwendig, deswegen sind wir jetzt im Presidente Hotel untergebracht. Es ist das Hotel in dem Präsident Barak Obama übernachtet, wenn er in Costa Rica ist. Wir verabschieden uns bei Johan und verabreden uns gleich für den nächsten Tag. Jetzt ist es Zeit San José neulich anzuschauen. Das Gepäck landet unberührt in einer Ecke des Zimmers und ich wandere mit Romy über die Avenida Zentral erst mal Richtung Gran Hotel und Theatro Nacional. Das Theater haben wir während unserer ersten Reise besucht, das lassen wir jetzt wortwörtlich links liegen. Beim gegenüber gelegenen Gran Hotel sind keine wirklichen Aktivitäten zu sehen, was wahrscheinlich bedeutet, dass der neue Besitzer erst wo anders Geld verdienen wird und danach den Bau fertig machen kann.

Was mir in der Avenida Zentral auffällt, sind die vielen neuen Geschäfte, die dazu gekommen sind. Sehr viele Kleidungs- und Schuhgeschäfte und da sind auch ein paar neue Restaurants dazu gekommen. Und da ist viel los! Es sind wesentlich mehr Menschen auf der Strasse, als vor 6 Jahren. Und, ich hatte es schon fast wieder vergessen, es gibt so viele übergewichtige Menschen auf der Straße! Unglaublich. Fast am Ende der Avenida Zentral befindet sich rechts der Mercado Central, ein großer überdachter Markt mit Souvenirshops, Fleisch- und Fischanbietern, sowie Gemüse- und Obstverkäufer. Auch wird auf dem Markt frisch gekocht und du kannst in den kleinen Sodas typische costaricanische Gerichte wie Casado, ein Teller mit Reis, Kartoffeln, Fleisch, Bohnen, Gemüse und Salat bestellen. Ich schlendere mit Romy durch die kleinen Gassen, entdecke neue Kräuter, staune über die Preisunterschiede von Souvenirs und kaufe etwas Obst für die Reise ein. Wir lieben es über solche Märkte zu schlendern und das tägliche Leben der Ticos kennenzulernen. Ich habe gedacht, dass der Markt sich nur in dem ersten Block befindet. Später höre ich, dass wir an der Rückseite des Gebäudes die Straße hätten überqueren sollen, da befinden sich noch drei solche Hallen.

Obwohl wir im Flugzeug gut geschlafen haben, kämpft der Körper mit der Zeitverschiebung und er weiß nicht mehr genau, wie spät es ist. Um gegen dem Jetlag zu arbeiten, müssen wir den Tagesrhythmus von heute einhalten. Es ist inzwischen 13 Uhr, genau richtig für das Mittagessen, welches wir wieder im Spoon Restaurant, in der Mitte der Avenida Zentral bestellen. Ich nehme eine mexikanische Tomatensuppe, Romy einen Salat mit Hühnerstreifen. Dazu einen frisch gepressten Obstsaft. Ja, wir sind wieder in Costa Rica angekommen und fühlen uns schon richtig zu Hause.

Nach der kurzen Pause besuchen wir das Museo del Oro, das Goldmuseum. Im Schutzraum der Zentralbank liegen die wertvollen Goldsammlungen ausgestellt. Obwohl in Costa Rica nicht viel Gold gefunden wurde, zeugen die wertvollen Kunstgegenstände von einer meisterhaften Gießtechnik der früheren Landesbewohner, der Indianer. Auch das Jade Museum sollte einen Besuch wert sein, aber Romy bricht am frühen Nachmittag komplett weg und wir lassen den ersten Tag sehr früh ausklingen.

Wieder im Himmel

Pünktlich um halb 10 steht Johan vor dem Eingang des Hotels. Er wird uns die kommenden 3 Tage Richtung Norden begleiten. Als ich meine Reise vorbereitet habe, fragte ich Romy ob sie irgendwo in Costa Rica noch mal hinfahren möchte, wo es ihr bei der ersten Reise gut gefallen hat. Und, so wie auch 100 % der TRAVELKID Gäste es positiv bewerten, nannte Romy Boca Tapada. Das kleine Dorf an der Grenze zu Nicaragua steht bei kaum einem Reiseveranstalter auf dem Programm, aber wie der Name der Unterkunft Pedacito de Cielo schon sagt, fühlst du dich dort wirklich wie in einem Stückchen Himmel. Weil unsere neue Reise hauptsächlich in den Süden führt, habe ich Boca Tapada gleich am Anfang der Reise geplant. Dann geht sich ein Besuch dort aus.

Wir verlassen das Chaos in San José. Wenn nicht jeder dort parken würde, wo es eigentlich nicht geht, wären nicht nur wir, sondern viele Einheimische schneller aus der Stadt raus gewesen. Es ärgert mich ein wenig und ich merke, wie ich noch in dem „Zuhause-Modus" lebe. Das Pura Vida Gefühl habe ich komplett verloren. Zeit es zu ändern und die Umgebung zu genießen. Langsam verändert sich das Straßenbild, die Landschaft wird grüner, die Besiedlung weniger und auf der Straße wird es ruhiger. Kleine steinerne Häuschen stehen entlang der Straße, vor dem Haus immer eine Sitzgelegenheit, meistens mit sich unterhaltenden Familienmitgliedern in den Sesseln.

Der soziale Aspekt ist außerhalb der Stadt ein ganz wichtiger und wird von der Community auch wirklich gepflegt. Farbenfrohe LKW's, echte amerikanische Modelle mit der enormen Fahrerkabine und der großen Schnauze vorne, donnern an uns vorbei. Es geht über den Pass und an der anderen Seite gelangen wir nach San Miguel, dann links via Aquas Zarcas nach Pital, alles bekanntes Gebiet. In Pital angekommen, erkenne ich den Supermarkt wieder, wo wir einkaufen waren. Aber Johan biegt in einer Seitengasse nach rechts ein. Der Sohn von Don Marcos, dem Besitzer von Pedacito, hat hier eine kleine Soda, genau der richtige Platz für ein Mittagessen. Ich bestelle Reis, Huhn und Gemüse vom Buffet. Johan und Romy bestellen einen Hamburger mit Pommes. Alles wird liebevoll und frisch zubereitet, die Sodas sind meistens die besten Plätze um günstig lokales Essen zu probieren. Es mag dann nicht immer tip top sauber ausschauen. Das Essen ist durchwegs von einer hohen Qualität.

Da wo die Asphaltstraße vor 6 Jahren noch schlagartig aufhörte, liegt jetzt neuer Asphalt. Erst einen Kilometer weiter fängt die Schotterstraße an, eine Straße der Superlative voller Schlaglöcher und Steine. Johan fährt etwas schneller und lenkt sein Auto behutsam wie im Slalomrennen um die Löcher herum. Das Gebiet hier ist bekannt für seine Ananasplantagen und neben der Straße wird fleißig gearbeitet. Die Ananas sind reif für die Ernte, eine Prozedur die sich zweimal jährlich vollzieht. Die Männer die hier auf dem Land arbeiten, kommen meistens aus Nicaragua. Während der Erntezeit dürfen sie legal in Costa Rica bleiben. Außerhalb der Erntezeit müssen sie eigentlich das Land wieder verlassen. Aber über 85 % der Arbeiter bleiben 4 Monate illegal im Land, bis zur nächsten Erntezeit. LKW's voller Ananas queren die Straße bis zu den Fabriken, wo die LKWs von Dôle bereit stehen, um die Früchte zu übernehmen und für den Dosenkonsum zu verarbeiten. Ungefähr auf halber Strecke hören die Ananasplantagen auf und die Landschaft verändert sich mehr in Dschungel, Landbau mit Mais oder Teakbäumen und Viehzucht. Kleinere Bauernhöfe mit Pferden und Kühen grenzen direkt an die Straße und bieten einen Eindruck ins bäuerliche Leben. Etwas durchgerüttelt erreichen wir eine Stunde später Boca Tapada, 14 km vor der Grenze zu Nicaragua und 300 Einwohner reich. Die minikleinen ebenerdigen Häuschen liegen aneinander gereiht, überall mindestens eine Satellitenschüssel auf dem Dach, manchmal auch mehr. In zwei dieser Häuschen betreiben die Eigentümer einen kleinen Supermarkt in dem die lokale Bevölkerung die wichtigsten Einkäufe erledigen kann.

Wir biegen links ein und gelangen zur Pedacito de Cielo. Alles schaut vertraut aus, nur noch grüner als damals. Obwohl Don Marco ganz genau weiß, wie viele Familien ich bei ihm unterbringe, kann er sich an uns nicht direkt erinnern. Aber ich verzeihe ihm. Auch ich kenne von meinen Gästen meistens nur den Namen und nicht mehr die Destination die sie gebucht hatten. Wir bekommen den Schlüssel von Bungalow Nr. 10, etwas größer und ein Spur besser als Nr. 3, in dem wir vor 6 Jahren waren.

Nach einem Kaffee wandere ich mit Romy durch den Garten. Marco hat im gesamten Garten Futterbäume mit Bananen und Mangos aufgestellt, an denen sich die unterschiedlichsten buntgefärbten Vögel köstlich bedienen. Grüne und rote Aras fliegen kreischend über das Gelände, kleine grüne Kolibris naschen Honig aus den Blumen und Papageien streiten sich um die besten Sitzplätze neben den Bananen. Inzwischen suchen Eichhörnchen Futter direkt vor dem Restaurant und die Leguane rasten immer noch auf den Ästen der Bäume. Ich liebe diesen Ort. So friedlich, so gemütlich und so weit weg von der Zivilisation. Eine grüne Oase mit niedlichen Bungalows.

„My name is Miguel." Der Kellner fragt ob wir etwas zu trinken möchten und berichtet über einen kleinen kurzen Wanderweg, welcher direkt gegenüber der Hauptstraße beginnt: der Sendero Trail. Nach dem Mittagessen ziehen Romy und ich uns um und wandern in den Regenwald hinein. Solange wir wandern, haben wir mit den Mücken keine Probleme, aber sobald wir still stehen, fängt das typische Gesumme neben unseren Ohren an. Ich habe via Internet Armbänder mit einer Anti-Mücken-Substanz von der Marke Para'kito gekauft und gleich hier beim ersten Test fallen die Armbänder gnadenlos durch. Romy hat ihren ersten Mückenstich genau neben dem Armband! In einem flotten Tempo wandern wir über den Pfad, klettern unter umgestürzten Bäumen durch und steigen über abgebrochene Äste und Blätter. Außer zwei kleinen Blue Jeans Giftpfeilfröschen sehen wir nicht viel und stehen eine knappe Stunde später wieder auf der Hauptstraße.

Das Abendessen ist herrlich. Es gibt frisches Gemüse mit Huhn, dazu Palmenherz, was echt köstlich schmeckt. Nach dem Essen ziehen wir unsere Wanderschuhe wieder an, weil Miguel uns nochmals mit auf den Sendero-Weg nimmt für eine Nachtwanderung. Bewaffnet mit guten Taschenlampen beobachten wir jedes Blatt, jeden Ast und jeden Baumstamm ob sich dort etwas bewegt. Vor allem etwas Haariges oder Glitschiges würde uns sehr freuen. Es ist sehr warm im Wald, der Schweiß rinnt uns über den Rücken, aber es ist trocken, was uns natürlich sehr freut. Wir sind am Vormittag über einen großen Baumstamm geklettert. Genau hier hält Miguel an und richtet seine Taschenlampe unter den umgefallenen Baum. „Ssst", sagt er und winkt uns zu sich. Wir müssen uns etwas ducken um in den Baumstamm hinein schauen zu können, aber da sitzt sie. Mrs. Tarantel! Sie bewacht ihr kleines Nest mit Leib und Seele und als wir etwas zu nahe kommen, droht sie gefährlich mit ihren Giftzähnen. Stark beeindruckt machen wir noch ein Bild und lassen sie mit ihren Eiern in Ruhe. Mit diesem kleinen Erfolg melden wir uns eine Stunde später wieder bei Johan zurück. Er ist bei der Lodge geblieben. Und nachdem die Erfolgsgeschichte erzählt ist, verabschieden wir uns gleich wieder und verschwinden ins Zimmer. Ab ins Bett.

„Como estas?" Obwohl wir uns noch sehr gut an Hugo erinnern können, hat er wirklich keine Ahnung mehr, wer wir sind. Logisch. Er führt jeden Tag Gäste, sich diese alle zu merken wäre ein Wahnsinn. Trotzdem freuen wir uns, heute wieder mit Hugo unterwegs zu sein. In der Lodge sind noch zwei andere deutsche Familien untergebracht und gemeinsam machen wir die Wanderung durch das kleine Reservat. Es ist eine Wanderung der Wiedererkennung. Ich sehe die gleichen Bäume und Plätze, die ich damals fotografiert habe, nur ist alles wieder 6 Jahre üppiger und grüner geworden. Auch die Holzbrücke ist voller Erinnerungen. Nicht nur weil ich damals dort ausgerutscht bin, sondern eher wegen dem Foto von Romy auf der Brücke, welches auch auf der Website und im Prospekt abgebildet ist. „So eine Wanderung möchten wir auch machen", ist eine Aussage, welche ich bei Beratungsgesprächen öfters höre. Ich erzähle Hugo die Geschichte von dem Mann aus unserer ersten Reise, der einen Tag nach uns mit der halben Brücke ins Wasser gefallen war. Hugo muss jetzt lachen, er kann sich sehr wohl an diesen Tag erinnern. „Der Mann ist so komisch hin und her gehüpft, dass er im Bach gelandet ist!", erzählt Hugo. Jetzt muss ich lachen, weil uns das der Mann damals so nicht erzählt hat! Auch die schöne Lagune mit den vielen Wasserlilien ist immer noch da und auf die Frage, wo das kleine Boot geblieben ist, sagt Hugo „geklaut". Das erste und einzige kriminelle Ereignis über Jahre in dieser Region.

Zurück in der Lodge schmeckt das wohlverdiente Mittagessen wieder fantastisch. Romy hat Spaghetti bestellt und ich genieße meinen Salat mit Palmherz. Kaum sitzen wir am Tisch, fängt es zu regnen an und hört auch in den nächsten Stunden nicht mehr auf. Wie schön, dass wir während der Wanderung trockenes Wetter hatten. Nach dem Mittagessen sollten wir eigentlich noch eine Bootsfahrt machen. Don Marco hat neulich ein Schlauchboot, sowie Einzel- und Zweierkanus gekauft. Aber mit den enormen Regenmengen, die jetzt vom Himmel fallen und der dazu gehörenden Gewitterfront muss ich nicht unbedingt aufs Wasser raus. Costa Rica kann von Ende August bis Ende Oktober sehr nass sein, aber der Grund des heutigen Schlechtwetters ist ein Orkan, welcher sich über die Karibik bewegt und vermutlich übermorgen nördlich von Mexiko an Land kommen wird. Wir verbringen den Nachmittag lieber in der Lodge. Romy spielt Minecraft auf ihrem Handy und ich schreibe die ersten Eindrücke von dieser neuen Costa Rica Reise in mein Tagebuch.

Abenteuerzentrum

Obwohl die Sonne sich am nächsten Tag auch nicht wirklich am Himmel zeigt, ist es warm und trocken draußen. Ein Wolkenschleier hat sich über Boca Tapada gelegt aus dem ab und zu ein blaues Fenster hervorschaut. Wir verabschieden uns bei Don Marcos und seinen Männern Hugo und Miguel, machen noch schnell ein letztes Bild, fahren dann über die Schotterstraße Richtung Pital und Aguas Zarcas zurück und steuern Sarapiqui an. Meine Gäste kennen hier hauptsächlich Heliconia Island, in dem sie untergebracht sind. Ich schaue heute mit Johan eine alternative Unterkunft bei Pozo Azul an.

Pozo Azul ist ein Aktivitätenzentrum mit Canopy Tours, Rafting, Kajaking und Abseilen. Auch Pferde stehen für eine Reittour zur Verfügung. Das Schöne hier im Zentrum ist, dass viele Aktivitäten wie die Canopy Tour und das Rafting auch mit ganz kleinen Kindern durchgeführt werden können. Beim Rafting gibt es eine I Strecke, praktisch ohne Wellen, ohne Stromschnellen. Für Erwachsene und Jugendliche sicherlich langweilig, aber für Kinder ab 5 Jahren der Adrenalinkick pur. Und die Canopy Tour ist für die Kleinsten auch machbar. Es gibt ganz kleine Gurte mit denen die Kinder beim Führer angehängt werden. Sicherlich einzigartig in Costa Rica und dadurch für mich echt brauchbar und vor allem für Familien mit mehreren Kindern unterschiedlichen Alters interessant. Da können die Eltern sich ruhig für einen Tag mal trennen. Ich bin schon neugierig wer die größten und spannendsten Abenteuer erleben wird!

Ich organisiere an der Rezeption für Romy ein Pferd samt Führer während ich mit Johan die Unterkünfte anschaue. Ungefähr 3 km vom Hauptgebäude entfernt befinden sich die Safarizelte, in welchen die Gäste untergebracht werden. Jedes Zelt ist mit einem oder mit zwei Doppelbetten, einem kleinen angrenzenden Badezimmer und einer großen Veranda vor dem Zelt, ausgestattet. Vor einigen Monaten sind die Zelte sogar „modernisiert" worden. Das hört sich bei den Basic Ausstattungen etwas übertrieben an, aber die Zelte haben statt dem Zipp nun eine Türe bekommen. Und, obwohl die Zelte echt Basic sind, finde ich die Abwechslung, auch mal in einem Safarizelt im Dschungel zu übernachten, echt interessant.

Johan und ich fahren nach der Besichtigung zum Hauptgebäude zurück und gleichzeitig kommt auch Romy breit grinsend mit ihrem Pferd und Führer zurück zur Lodge. Sie ist durch den Gemüsegarten geritten und hat Kakao und Guave probieren können. „Das Pferd war ganz brav und der Führer sprich gut englisch", sagt sie beratend. So wird diese Abteilung durch Romy für Familien in Ordnung befunden. Nach dem Mittagessen fahren wir nach Tirimbina wo wir uns für eine Tour de Chocolate angemeldet haben. Hier wird die ganze Geschichte rundum Kakao erklärt und wir können Kakao in flüssiger und in fester Form ausprobieren. Damit ich nicht gleich diese interessanten Informationen hier verrate, werde ich die Infos und den Ablauf dieser Tour auf meinem Reiseblog unter http://blog.travelkid.at veröffentlichen.

Kurze 30 Minuten nach der Tour biegen wir von der Hauptstraße nach rechts ab. Das Sueño Azul, unsere Unterkunft für die Nacht, liegt etwas weiter von der Straße entfernt. Um an die andere Seite des Flusses zu gelangen, ist eine Brücke zu überqueren. Und was für eine! Einige Tonnen rot gefärbtes Metall schauen mich an. Johan ist schon öfters über die Brücke gefahren und denkt sich nichts dabei. Ich habe einigen Respekt, vor allem vor der ersten Brücke! Weil, ja, du hast es bereits richtig erraten, da folgt noch eine zweite.

Sueño Azul ist ein weitläufiges großes Hotel mit einem riesigen Garten samt Teich, Schwimmbad und einem Rodeoplatz mit Pferden. Der Besitzer hat ursprünglich mit den Pferden angefangen, seiner großen Liebe. Obwohl es gar nicht so ausschaut, steht dort ein beeindruckendes Vermögen an Pferden im Stall. Einige Exemplare haben sogar einen 6-stelligen Wert. Dafür wurde bei der Einrichtung der Zimmer dann wesentlich gespart. Diese sind karg eingerichtet, einfach und renovierungsbedürftig, aber daran wird gearbeitet. Ich muss ehrlichkeitshalber dazusagen, dass Materialien wie Holz und auch Stein hier im Dschungel innerhalb kürzester Zeit echt grün, schmuddelig ausschauen und muffig riechen. Es hat meist mehr mit den Umständen der hohen Luftfeuchtigkeit zu tun, als mit der Bezeichnung „in die Jahre gekommen". Wenn du, vor allem bei Holzbauten,

„Jahre" keine Reparaturen und Verbesserungsarbeiten durchführst, steht das ganze Gebäude wahrscheinlich schon nicht mehr da. Termiten und andere Insekten haben öfters großen Hunger und werden das Gebäude komplett auffressen. So versuche hier etwas besser die Umstände des Dschungels zu verstehen. Ich finde den etwas dunklen Ort echt fantastisch, mit freundlichem Personal und herrlichem Essen.

Überteuerte Souvenirs

Johan setzt uns in Guapiles ab, hier werden wir von einem großen Reisebus und internationaler Gruppe übernommen. Johan fährt heute nach San José zurück, während Romy und ich alleine weiterreisen.

Das Zweite, welches Romy während dieser Reise unbedingt noch mal machen wollte, war der Nationalpark Tortuguero, bekannt wegen dem enormen Brutgebiet der grünen Meeresschildkröten. Romy ist ein großer Fan dieser Meeresbewohner und möchte hier noch mal am Abend die Schildkröten beim Eierlegen beobachten. Mit dem Bus ist es ab Guapiles noch eine gute Stunde bis zum Anlegeplatz La Pavona, von wo das Boot zur Mawamba Lodge abfährt. Die Samoa Lodge, in der wir bei der ersten Reise waren, hat inzwischen schon 3 Mal den Besitzer gewechselt, was nicht immer eine positive Veränderung dargestellt hat, so sind wir zur Mawamba Lodge gewechselt. Die Schotterstrasse wird langsam schmäler und schlechter. Häuschen machen Platz für Wald und Wiese, dazwischen Teakbäume, Ananas- und Bananenplantagen. Vor allem Bananenplantagen sehe ich hier sehr viele und bei einer Plantage haben wir Glück. Ein „Zieher" zieht gerade eine Schlange von 25 Stauden Bananen, à 22 Kilo, hängend an Stahlkabeln via eine Art Transportseilbahn aus der Plantage heraus. Schwerstarbeit, welche immer noch mit der Hand gemacht wird. Die Bananen selbst sind abgedeckt mit großen blauen

Säcken, die an der Innenseite mit Pestiziden versehen sind. Bananenbäume sind nämlich sehr anfällig für Schimmel und andere Krankheiten. Und so bald ein Baum infiziert ist, kannst du dort nie mehr einen Bananenbaum pflanzen. Das ist der Grund, warum es keine Bananenbäume mehr in der Umgebung von Quepos gibt. Der Plantagenbesitzer passt also sehr gut auf seine Bäume auf. Vorsorge ist besser.

In der Wartestation La Pavona halten sich viele Touristen auf. Manche warten auf den Bus nach San José. Andere Gäste warten bis ihr Boot voll beladen ist und zur Lodge abfährt. Auch wir bringen das Gepäck zum Gepäcksboot, auf welches Laura, unsere Führerin, uns hinweist. Wir sind in eine Gruppe mit insgesamt 36 Personen eingeteilt, 4 davon kennen wir schon aus Boca Tapada: Eva und Christian mit ihren Kindern.

Wir steigen ins Personenboot, verlassen langsam den quirligen Ort und verschwinden in einer grünen Oase von Bäumen, Blättern und Ästen. Saftig grün gefärbte Leguane, Basilisken und Krokodile liegen gemütlich an Land während die unterschiedlichsten farbenfrohen Vögel durch die Luft fliegen. Der Kapitän manövriert das Boot behutsam durch den Kanal, mal langsam, mal schneller. Auch hier auf dem Fluss gelten Regeln an welche die Kapitäne sich halten müssen. Wenn das Boot zu schnell fährt, entstehen nämlich Wellen, die am Ufer brechen und so das sandige Ufer wegschwemmen. Aus diesem Grund muss das Boot immer wieder langsamer fahren. Nur im Hauptkanal, da geht es Vollgas bis zur Lodge.

Mit einem Feuchttuch und Fruchtsaft heißt es „Herzlich Willkommen in der Lodge". Auf vielen Bewertungsplattformen wird die Mawamba als groß und touristisch bewertet. Ich weiß nicht, was diese Leute hier sonst erwarten, die Lodge ist von der Größe her prima in Ordnung, gut durchstrukturiert, freundliches Personal, die Zimmer einfach aber sauber. Obwohl sauber. Sobald wir das Zimmer mit dem Sand unter den Schuhen betreten haben, ist es endgültig vorbei mit sauber. Im Zentralbereich befindet sich eine Bar mit Loungebänken, Schwimmbad und Restaurant, in dem 3 Mal pro Tag ein herrliches abwechslungsreiches Buffet serviert wird. Musikalisch wird das Ambiente aufgewertet mit den typischen Dschungelgeräuschen und dem Brechen der Wellen am Strand. Der Strand ist schwarz, ein Lavastrand und das Meer verboten zum Schwimmen. Zum einen, weil es Nationalpark ist und es vor der Küste wimmelt von Meeresschildkröten. Zum anderen wegen giftigen Quallen, die sich vor der Küste aufhalten. Heute schaut es sowieso nicht nach Schwimmen aus, das Meer ist sehr rau, die Wellen sind über einen Meter hoch und auch Romy wird innerhalb von 5 Minuten von der Wucht des Meeres überfallen. Eine Welle war etwas höher als sie erwartete und klitschnass kommt sie aus dem Wasser gerannt.

Nach dem Mittagessen versammeln wir uns bei Laura, sie nimmt uns mit zum Dorf Tortuguero. Natürlich eine rein kommerzielle Angelegenheit, aber das Dorf ist vom Tourismus abhängig. Wenn alle Gäste in den Lodges bleiben, fließt da wenig Geld ins Dorf hinein und die Leute hier werden nicht überleben können. So hilft Jeder Jedem. Auch das Dorf ist ein Ort der Wiedererkennung, obwohl der Empfangsbereich jetzt mit neuen Informationstafeln und öffentlichen Toiletten ausgestattet ist. Ich erkenne manche Souvenirgeschäfte und Restaurants wieder, natürlich die Telefonzelle und auch die gelbe Kirche. Laura gibt uns eine halbe Stunde Freizeit, danach wandert sie zur Lodge zurück. Gleich im ersten Laden gibt es die plastifizierten Karten, auf denen die Tierwelt dargestellt wird. Für satte 12 US Dollar nehmen wir dieses Mal die Amphibien und Reptilien mit. In den Souvenirgeschäften gibt es wieder viel „Made in China", die Suche nach etwas Selbstgemachten ist nicht so einfach, aber wir werden in einem kleinen Laden fündig. „Makramee ist meine Spezialität", erklärt die freundliche Dame voller Stolz. Vom dickeren Garn knüpft sie hauptsächlich Blumenapplikationen, welche sie auf Taschen näht oder an eine Kette bindet. Vorne beim Eingang hat sie an einem dünnen Seil Kolibris hängen, gebastelt aus bunten Perlen, die mir gut gefallen. Die Preise sind ziemlich überteuert, aber für ein „Made in Costa Rica" Souvenir verkraftbar.

Beim lokalen Supermarkt kaufe ich noch eine Flasche Wasser. Es ist heute echt brennend heiß und ich befürchte, dass am Nachmittag ein Gewitter nicht ausbleiben wird. Im Supermarkt fotografiere ich gleich die Abteilung Babynahrung und Windeln. Ich empfehle

Costa Rica sehr oft für Gäste, die während der Elternzeit mit ihren Babys und Kleinkindern verreisen möchten. Costa Rica ist hervorragend für diese Familien geeignet. Manchmal entstehen aber Zweifel über das Essen. Ich weiß nicht wieso, aber sobald Leute die europäische Grenze verlassen, kommt auch der Gedanke über Essen auf. Und die meist gestellte Frage lautet, ob es außer gebackenem Hund und Libellen in Kokosmilch auch etwas anderes zu essen gibt. Ich verstehe nicht, von wo dieser Gedanke kommt, weil du weltweit echt alles Mögliche an Obst, Gemüse, Fisch und Fleisch kaufen kannst. Als ob die Menschen in Costa Rica nichts „normales" zu essen haben!

Den Treffpunkt für die gemeinsame Wanderung zurück zur Lodge haben wir inzwischen verpasst. Romy und ich sind beim Geschäft von Pablo hängen geblieben, aber Laura hat erklärt, wie es zur Lodge zurück geht. Pablo ist Künstler und bastelt besondere Kettenanhänger und Armbänder. Mitten in der Schale einer Kokosnuss sägt er mit einer Handsäge kleine Schildkröten raus. Danach füllt er das Schildkröten-Loch mit einer blauen Substanz. Sobald der Kleber getrocknet ist, poliert er die Schale und wird das blaue Muster ersichtlich. Dieses Stückchen Schale wird an Ketten oder Armbänder gehängt. Sobald Leute selbst etwas basteln, ihre Kreativität raus lassen und so ihr Geld verdienen, kann ich nicht widerstehen. Fasziniert schaut Romy Pablo bei seiner Arbeit zu, sie hat sich ein Fußkettchen ausgesucht, welches er jetzt auf Bestellung für sie anfertigt. Im Besitz eines viel zu teuren, aber besonderen Fußkettchens wandern wir, begleitet von einem kleinen streunenden Hund, über den Strand zurück zur Lodge. Wie schon befürchtet, wird der Himmel immer dunkler und es fängt in der Ferne zum Donnern an. Kurze 15 Minuten später kommen wir noch trocken zur Lodge, aber dann....

Turtle Time

Gehüllt in Plastik wandern wir am Abend auf der Landebahn von Tortuguero zur Sektion 8. Parallel zur Landebahn liegt ein 1 km langer Küstenstreifen, welcher in verschiedene Sektionen unterteilt ist und zur Eiablage der Schildkröten zu besichtigen ist. Insgesamt hat die Küste eine Länge von 5 km. Aber nur hier, über eine Länge von höchstens einen Kilometer, werden am Abend die bekannten Touren zu den Schildkröten durchgeführt. Und immer noch so streng wie vor 6 Jahren – pro Abend max. 10 Personen pro Führer, max. 10 Sektionen.

Während Späher den Strand abwandern und beobachten ob Meeresschildkröten an Land kommen, warten wir wieder geduldig auf der Landebahn. Weil Romy ein Fan von den Meeresschildkröten ist, besuchen wir weltweit regelmäßig verschiedene Schutzprojekte dieser Tiere und ich habe in einigen anderen Reiseberichten wie Malaysia *(Affentheater - ISBN 978-3-7347-6037-2)* und Sri Lanka *(Löwentatzen - ISBN 978-3-7431-6553-3)* bereits mehrfach über die Schildkröten berichtet. Das Allerwichtigste, was ich hier kurz erwähnen möchte, weil ich es einfach öfters von meinen Gästen höre, ist folgendes: sobald du siehst, dass eine Schildkröte an Land kommt, dann verschwinde! Bleib ja nicht stehen um zuzuschauen. Wenn die Schildkröte sich nämlich von dir gestört fühlt, verschwindet sie wieder im Meer, ohne ihre Eier abzulegen. Dieser Wurf ist verloren und es kann Jahre dauern, bis sie wieder Eier ablegen wird. Das ist auch der Grund, warum wir jetzt im Regen auf der Landebahn stehen und warten. Am Strand befinden sich nur ein paar ausgebildete Ranger, die genau wissen, was sie tun müssen ohne die Schildkröten zu stören. Sobald das Tier ein geeignetes Plätzchen ausgesucht hat, fängt es an ihr Nest zu graben. Wenn das Loch groß genug ist, fängt sie an ihre Eier zu legen und gerät dabei in einen Trancezustand. Ab dem Moment kann niemand sie mehr von der Eiablage abhalten. Erst jetzt kannst du zu ihr hingehen und zuschauen. Auch für uns heißt es „turtle time" und wir dürfen Sektion 8 betreten. Eine über 1 Meter lange grüne Schildkröte hat die ersten 20 Eier bereits gelegt und obwohl ich dieses Phänomen schon mehrmals beobachtet habe, bleibt es faszinierend, ihr bei der Schwerstarbeit zuzuschauen. Und genauso beeindruckend ist der Regen, der wirklich in Strömen vom Himmel fällt. Spätestens jetzt lässt sich die gute Qualität meiner teuren Regenjacke schätzen. Die Schildkröte lässt sich vom Regen nicht abhalten und legt weiterhin ihre Eier ab. Etwas weiter vorne am Strand liegt eine zweite Schildkröte, die gerade dabei ist, ihr Nest wieder zuzudecken. Auch hier schauen wir kurz zu und sehen, wie sie nach getaner Arbeit erschöpft im Meer verschwindet. Dann verschwinden auch wir vom Strand. Klitschnass wandern wir zum Boot zurück, aber welch ein Abenteuer!

Einmal zurück in der Lodge, wache ich in der Nacht öfters vom Trommeln des Regens auf das Dach auf. Und auch in der Früh gießt es noch in Strömen. Ich denke, der heutige Tag wird ein Ruhetag werden. Geplant sind eine Wanderung durch den Garten und eine Bootsfahrt, aber mich freut es überhaupt nicht, da im Regen zu stehen oder zu fahren. Vor allem, weil wir vieles vor 6 Jahren schon gesehen haben und das Wetter besser mitgespielt hat, wie jetzt. So verabschieden wir uns von der Gruppe und quartieren uns in den Loungebänken der Bar ein. Mit einem Cappuccino für mich und einer Pina Colada ohne Rum für Romy genießen wir das Nichtstun. Ich muss dringend den Reisebericht weiter schreiben, Emails beantworten und Romy ist mit ihrem neuen haarigen Freund beschäftigt: dem kleinen streunenden Hund von gestern.

Erst am späteren Nachmittag hört es endlich mit dem Regen auf und Romy und ich machen eigenständig eine Wanderung durch den Garten. Direkt neben der Bar befindet sich ein kleines Ranario, in dem verschiedene Frösche zu finden sind. Aber alles was wir vorfinden, ist… eine kleine Schlange! Eine Baby Boa Konstriktor! Und vor diesem Tier haben sich alle Frösche versteckt. Am Ende des Lodge-Geländes befindet sich der Mawamba Park mit einem Schmetterlingsgarten und einem kleinem Froschhaus. Schwarzgrüne, Blue Jeans und Rotaugenbaum-Frösche hüpfen hier sorglos umher. Gleich daneben im Schmetterlingsgarten siehst du den blauen Morphofalter und wenn du ganz genau hinschaust, in dem Baum direkt neben dem Schmetterlingshaus, siehst du vielleicht das Faultier!

Am nächsten Morgen heißt es sehr früh aufstehen. Bewaffnet mit der Unterwasserkamera melden wir uns bereits um halb sechs bei der Rezeption. Der Himmel ist strahlend blau, da ist kaum eine Wolke zu sehen und es ist herrlich warm. Genau das richtige Wetter für eine Kajaktour. Owen heißt uns herzlich Willkommen und hat die Kajaks schon ins Boot geladen. Wir dürfen ins andere kleinere Boot einsteigen und fahren zuerst zum Nationalpark Büro um den Eintritt für den Park zu bezahlen. Vor 6 Jahren noch US$ 10 pro Erwachsenen und US$ 1 für Kinder, inzwischen erhöht auf 15 US$ und 5 US$. Und das Tickest ist nur einen Tag gültig. Die Kajaktour, sowie einige andere Aktivitäten, wie eine Nachtwanderung und die Schildkrötenbeobachtung sind bei TRAVELKID nicht im Basisprogramm inkludiert, aber bei der Rezeption der Lodge extra buchbar.

Langsam fahren wir in einen Seitenkanal ein und sehen das andere Boot mit den Kajaks vor uns bei einem Baum vor Anker liegen. Owen und Brian, der zweite Guide, bereiten alles vor, wir ziehen die Schwimmwesten an und einer nach dem anderen steigt ins Kajak. Es gibt Einzelkajaks, die etwas besser im Wasser liegen und auch leichter zu „bedienen" sind. Und Doppelkajaks, etwas instabiler aber für Familien mit Kindern gut zu händeln. Noch etwas ungeschickt paddle ich stromaufwärts, Owen und Romy hinterher. Heute werden wir von noch zwei anderen Familien mit ihren Kindern begleitet. Romy schusselt noch mit den Paddeln und obwohl sie schon öfters gepaddelt hat, hat sie den richtigen Dreh noch nicht gefunden. Nach einem Tag Regen kommen auch langsam die Tiere aus ihrem Versteck heraus. So nähert sich eine Gruppe Brüllaffen dem Fluss, suchend nach Nahrung, die Leguane trocknen ihre Haut in der Sonne und ein Emerald Basilisk schaut von einem Ast sehr scheu zwischen den Blättern durch. Ich bekomme immer mehr Gefühl für das Boot und paddle genussvoll an dem grünen Blättersalat vorbei, auf der Suche nach etwas Lebendigem. Ein Vater plagt sich mit seinem kleinen 6-jährigen Sohn von rechts nach links über den Fluss und ich höre ständig Geschrei hinter mir. Der, der hinten sitzt, muss führen, aber der Bub, der vorne sitzt, ist damit nicht einverstanden und macht sein eigenes Tempo. Tja, dann funktioniert das Rudern nicht. Die Strömung ist auch relativ stark durch den vielen Regen der letzten Tage, das macht es auch nicht gerade einfach. „At the end of the tour you all gonna be a profi", hat Owen gesagt und tatsächlich, am Ende der Tour lenkt jeder sein Kajak behändig durch das Wasser. Nach dem gestrigen verregneten Tag ein schöner Abschluss von Tortuguero. Eine Bestätigung, dass du diesen Park auch außerhalb der Brutzeit besuchen kannst. Es geht hier letztendlich nicht nur um Schildkröten.

Kaum Profil

Zurück in Guapiles übernehme ich den Mietwagen. Sorgfältig gehe ich den Vertrag mit Stephan, dem Mitarbeiter des Mietwagenanbieters, durch und natürlich versucht dieser extra Versicherungen zu verkaufen. In vielen Ländern, wie Amerika und eben Costa Rica, verdienen diese Personen meisten nur 300 US$ pro Monat. Ihr weiteres Gehalt verdienen sie durch den Verkauf von Versicherungen. Sie sind darauf trainiert, dich zu verunsichern aber ich bin vor der Verkaufstechnik schon mehrmals gewarnt worden und nicht empfänglich für seine Worte. Danach ist das Auto dran. Sicherheitshalber fotografiere ich es rundum und es gibt ein paar Kratzer die aufgeschrieben werden. Bei den Reifen hört der Spaß dann auf. Kaum 2 mm Profil sind noch drauf. Das ist für die vielen Schotterpisten im Süden des Landes echt zu wenig. „So möchte ich das Auto nicht übernehmen", sage ich zu Stephan. Auch er findet, dass da wenig Profil drauf ist. Aber das hätte er anschauen sollen, bevor er aus San José weggefahren ist und nicht jetzt. Er telefoniert mit dem Büro in Puerto Viejo de Talamanca, unserem heutigen Ziel, und da steht ein Auto mit guten Reifen, so sagt zumindest die Dame am anderen Ende der Leitung. Okay, dann machen wir uns jetzt auf den Weg und werden uns vor 18 Uhr in Puerto Viejo melden.

Der Weg Richtung Süden führt an Limon, der wichtigsten Hafenstadt des Landes, vorbei. Mitte des 19. Jahrhunderts hat man mit dem Bau dieser Hafenstadt an der Karibikseite begonnen. Bis dahin erfolgte der Abtransport des Kaffees und der Bananen nur an der Pazifikseite. Durch ein Erdbeben 1991 wurde die Einfahrt zum Hafen unzugänglich gemacht und man errichtete einen neuen Containerhafen in Moin, 7 km westlich von Limon, in dem vier riesige Containerschiffe gleichzeitig abgefertigt werden können. Immer öfters sehen wir LKW's die ihre Container schon abgeliefert haben oder LKW's mit großen Containern auf der Ladefläche. Auf riesigen Grundstücken stehen diese Container häuserhoch aufgestapelt. Dôle, Chiquita, Maersk, Hapag Lloyd. Es sind die bekanntesten Namen der Seecontainer, die wir unterwegs mehrmals sehen. Ein Gelände nach dem anderen, tausende Seecontainer warten hier beladen zu werden und die große Überfahrt Richtung Amerika und Europa anzutreten. Den eigentlichen Hafen sehen wir nicht direkt, weil der Weg Richtung Puerto Viejo de Talamanca kurz vorher nach rechts abbiegt.

Entlang der Karibikküste geht es weiter Richtung Süden. Die Straße ist relativ neu, nicht all zu stark befahren und grün wechselt sich ab mit kleinen Dörfern, an denen wir vorbeifahren. So 2 km vor Cahuita befindet sich an der linken Seite das Sloth Sanctuary, ein Auffangzentrum für Faultiere, leider nur bis 14.00 Uhr geöffnet. Das werden wir uns auf dem Rückweg anschauen.

Cahuita, das kleine Dorf direkt an der Karibikküste, nördlich von Puerto Viejo de Talamanca, gilt als Zentrum für Costa Ricas Individual-Tourismus und ist dementsprechend überschwemmt mit Besuchern, die von rund um den Globus kommen. Kleine Hotels, Visitor Center, Souvenir-Shops, Restaurants, Bars und Cafés sowie unzählige Tourenanbieter offerieren alles, was das Urlauberherz begehrt, mit seinen Konsequenzen. Deswegen fahren wir lieber etwas weiter in den Süden, abseits der Touristenpfade.

Langsam nähern wir uns Puerto Viejo de Talamanca, kurz Puerto Viejo genannt und nicht zu verwechseln mit Puerto Viejo de Sarapiqui. Gleich am Anfang des Dorfes befindet sich eine Bank, die einzige im Dorf mit Bankomat und eine Straße weiter biegen wir rechts zum Mietwagen-Terminal ein. Das Auto, welches hier zur Übernahme steht, hat auch nur 2 mm Profil auf den Reifen. „Inakzeptabel!" und fordere ein neues Fahrzeug aus San José. Nach einem kurzen Telefonat mit Johan verspricht er mir, dass das Fahrzeug morgen um 8 Uhr früh da sein wird. Es funktioniert hier natürlich alles costaricanisch. Die Reifen, die wir Europäer nicht mehr geeignet finden, damit fahren die Einheimischen noch sicherlich 2 – 3 Jahre weiter. Bis sie platzen. Johan führt öfters Gespräche mit dem Mietwagenbetreiber. Er will seinen Gästen natürlich gute Fahrzeuge mitgeben. Nach diesen Gesprächen funktioniert es wieder eine Weile, danach kommt dann wieder der Schlendrian hinein. Ich sehe dieses Prinzip weltweit und rege mich nicht mehr auf. Wir vergessen oft, dass wir in einem Land mit anderen Regeln, Sitten und Bräuchen unterwegs sind. Nicht überall funktioniert es Europäisch und irgendwann werde ich wohl das richtige Fahrzeug bekommen.

Ungefähr 2 km nach dem Dorf liegen zwei Unterkünfte. Das Cariblue, ein 4-Sterne Resort und die Azania Bungalows, mehr landestypisch mit kleinen Bungalows auf Holzstelzen in einem prächtigen Garten gelegen. Ich habe mich für Azania entschieden und Romy findet die Unterkunft sensationell. Zum einen, weil sie „oben" schlafen kann. Auf der Anhöhe im Zimmer befindet sich ein Einzelbett und zum anderen, wegen der Hängematte, welche sich draußen auf der Veranda befindet. Insgesamt stehen 10 Bungalows im Garten, Schwimmbad und Restaurant sind dabei und an der anderen Seite des Weges befindet sich der weiße Palmensandstrand Playa Cocles. Wir haben es immer noch mit dem Ausläufer des Orkans zu tun und am Strand gilt heute Code Rot. Normalerweise kannst du gleich vom Strand aus schnorcheln oder surfen, heute sind die Wellen zu hoch.

Am Abend fahren Romy und ich die 2 km zum Dorf zurück und parken das Auto am Straßenrand. Der kleine Ort verwandelt sich am Abend in einen kleinen Straßenmarkt mit Souvenirshops, Restaurants und kleinen Sodas. Ein Mann hat einen kleinen Griller direkt an der Strassenecke hingestellt und grillt leckere Hühnerspieße. Aus den meisten Lokalen schallt Bob Marley oder andere Reggae Musik, die farbenfrohen Häuser machen das Karibikflair komplett. Romy hat nach einer Woche Reis mit Huhn Gusto auf etwas Deftiges, so landen wir in einer Art Snackbar und bestellen Pizza. Obwohl die familiengroße Pizza hervorragend schmeckt, ist alles natürlich viel zu viel und beim Zahlen lasse ich die letzten Stücke einpacken. Während ich auf das Wechselgeld warte, kommt ein Latiner zu unserem Tisch. Er hat einen Korb bei sich, in dem sich kleine Brieftaschen befinden, selbstgemacht aus Verpackungsmaterial, gefaltet und beklebt mit Bildern und Mustern von Zeitungspapier. Wie schon gesagt, ich lieb „made in costa Rica, habe gleichzeitig keine Ahnung was ich mit der Brieftasche machen soll, aber für 3.000 Colones kaufe ich trotzdem eine. Kreativität und Wirtschaft gehören gefördert. Und ich habe einen dankbaren Abnehmer für die übrig gebliebene Pizza gefunden!

Land of brave people

Punkt 9 Uhr steht Estefano bei der Rezeption und führt uns zuerst nach Cahuita. Wir haben einen Ausflug zu den Bribri Indianern gebucht und holen in Cahuita unseren Führer Antonio ab. Ursprünglich war der äußerste Südosten Indianergebiet und auch heute gibt es hier noch einige Indianerreservate, wovon die Bribri's die bekanntesten sind. In gesamt Costa Rica gibt es noch 8 verschiedene Indianerstämme, wie wir auch im Museo del Oro in San José gelesen haben. Die Bribri's sind mit 25.000 Indianern die größte Population und rundum Puerto Viejo leben ca. 13.000 Menschen in Reservaten. Die Reservate dienen dazu, dass diese Menschen überhaupt noch ihr ursprüngliches Land besitzen können. Genau so wichtig ist es für sie, ihre Kultur und Sprache beizubehalten. Muslime haben ihre Kultur im Koran festgehalten, Christen in der Bibel. Deswegen sind diese „Völker" nie verschwunden. Für kleinere Völker, wie auch die Damara, Himba und Buschmänner in Namibia *(siehe Elefantenspuren – ISBN 978-3-7431-5442-1)* und hier die Bribri, ist es sehr wichtig diese Art Living Museums zu pflegen und zu besuchen. So können diese Völker weiter existieren.

Zuerst besuchen wir ein noch kleineres Volk: die Kéköldi. Diese Menschen sind für den Erhalt der Leguane verantwortlich gewesen. Vor ungefähr 20 Jahren war es in Costa Rica mit der Population der

Leguane schlecht gestellt und sie drohten fast auszusterben. „When I was a child, I probably saw one leguan a month", erzählt Antonio, „now I see a leguan every day." Die Kéköldi kümmern sich um den Bestand der Leguane und haben eine Art Schutzstation errichtet. Wir besuchen zuerst die kleine Farm. In etwas zu tierunfreundlichen Käfigen sitzen 50 kleine Leguane auf- und übereinander. „Das machen sie um warm zu bleiben", sagt Antonio. Und so schaut es tatsächlich auch aus. Genau in einem von der Sonne beschienen Streifen liegen die Tiere an- und übereinander, während der Rest des Käfigs leer ist. In mehreren aufgestellten Käfigen befinden sich immer größere Leguane. Sie bleiben zirka zwei Jahre, bis zur Geschlechtsreife, auf der Farm. Sobald sie sich paaren und Eier gelegt haben, werden sie frei gelassen. Sie können sehr gut, auch nach 2 Jahren Gefangenschaft, in der freien Natur überleben. Ausgesetzt werden sie unter anderem im Cahuita und Manzanillo Nationalpark und auch direkt in der Umgebung der Farm. Und was machen die Leguane dann? Statt ihre Freiheit zu genießen, bleiben sie auf der Farm! Hunderte Exemplare von 50 cm bis hin zu 1,5 Meter treiben sich in den umliegenden Bäumen herum und schauen uns voller Neugier an. Ihr Lieblingsessen ist die Hibiskusblume und wir füttern sie damit. An sich ein tolles und auch erfolgreiches Projekt, weil die Population der grünen Leguane enorm gewachsen ist, nur hätte ich gerne mehr tierfreundliche Käfige gesehen, mehr naturnah.

Knapp 20 Minuten später stehen wir mitten im Bribri Dorf, wo wir eine kleine Demonstration über die Zubereitung des Kakaos vorgeführt bekommen. Vor ein paar Tagen haben wir die ausführliche Kakao-Tour in Tirimbina mitgemacht, hier wird die Schnellfassung gezeigt mit dem Unterschied, dass die Kakaobohnen bei den Bribris zuerst warm gemacht werden und danach vermahlen. In Tirimbina genau umgekehrt. Kakao ist für die Bribri übrigens etwas Heiliges! Auch wenn der Kakao dir nicht schmeckt, solltest du ihn ja nicht wegschmeißen.

Den zweiten Teil der Tour macht Catato, der Besitzer der Farm, selbst. Er führt uns durch den Garten, zeigt welche Nüsse, Pflanzen und Blätter welche Wirkung und medizinische Funktion haben. Auch Pfeil und Bogen werden von Romy getestet und der Froschgarten besucht. Insgesamt eine lehrreiche Vorführung!

Am Ende der Tour wandern wir noch kurz zu einem Wasserfall. Und beim Anblick des Geländes traut Antonio seinen Augen nicht. „It all looks different here", sagt er. Vor 3 Wochen war das Gebiet hier überflutet und er war seither nicht mehr hier. „Der große Felsbrocken liegt jetzt ganz woanders und auch der Verlauf des Flusses hat sich geändert", sagt er erstaunt. Wir haben unsere Badesachen heute vergessen und hatten den Wasserfall nur für eine kurze Pause vorgesehen. Als wir nach der Pause den Hügel wieder langsam nach oben wandern, kreuzt eine mexikanische grüne Baumschlange Romy's Weg. Hilfe! Aber sie hat das Tier gerade rechtzeitig gesehen und konnte, wie gelernt, noch stockstef stehen bleiben. Gut gemacht Romy! Spannend.

Nach dem Mittagessen werden wir zum Hotel zurückgebracht und fahren mit unserem „neuen" Auto mit genügend Profil weiter zum Jaguar Rescue Center. Der Name täuscht ein wenig, weil du hier keine Jaguare finden wirst. Wir stehen sowieso vor geschlossenen Türen. Nur um 9.30 und 11.30 Uhr gibt es geführte Touren und diese sollten sehr empfehlenswert sein. Schade. Den Rest des Tages ist die Station geschlossen, es ist immerhin eine Schutzstation, somit geht es zurück zu unserem Bungalow – zum Lesen, Schreiben, Schwimmen und Relaxen.

Am Abend wandern wir wieder durch Puerto Viejo. Die Preise in den Souvenirläden sind teilweise extrem hoch und echt utopisch, weit höher als vor 6 Jahren. Obwohl ich gerne Gebrauchsgegenstände als Souvenirs mit nach Hause nehme, lasse ich das meiste hier liegen. Ein einfacher Bilderrahmen von 27 US$ oder Placemats um 18 US$ finde ich echt leicht übertrieben. Auch im Café Viejo, einem italienischen Restaurant, schmecken die Speisen zwar köstlich, aber eine kleine Pizza kostet 9.000 Colones, 15 Euro!

Faultier adoptiert

Das gesamte Gepäck befindet sich wieder im Auto. Heute geht es ins Landesinnere zu den aktiven Vulkanen Irazú und Turrialba, Orosi ist das Ziel. Zuerst besuchen wir noch die Faultier-Schutzstation, welche wir auf dem Hinweg in Cahuita gesehen haben und freuen uns schon richtig darauf. Wir sind etwas zu früh, auch hier finden geführte Touren statt, immer zur vollen Stunde. Im Warteraum befindet sich ein Babyfaultier, welches in einer Hängeschaukel sitzt. Nicht besonders attraktiv und wir warten mit Fotografieren, bis die „echten" Tiere zu sehen sind. Auch hier gibt es die Möglichkeit ein Tier zu adoptieren und mit bereits einer Schildkröte (Bali), einem Delphin (Florida) und einem Orang Utan (Malaysia) in unserem „Besitz", konnte ich hier den TRAVELKID Tiergarten mit einem Faultier erweitern.

Wir werden zur ersten Station gebracht und erfahren hier einiges über das Faultier. So gibt es 2 Arten, nämlich das 2-Finger und das 3-Finger Faultier. Der Unterschied lässt sich leicht erraten oder? Ich erfahre auch, dass das 2-Finger Faultier eher ein Nachttier ist, größer wie das 3-Finger Faultier ist, viel mehr Haare hat, sich nicht nur von Blättern und Blumen ernährt, sondern mit seinen 4 großen Schneidezähnen auch Früchte wie Mangos öffnen und essen kann. Dafür hat das 3-Finger Faultier einen kleinen Schwanz, ist eher tagaktiv, hat ein mehrfarbiges Fell, frisst nur Blätter und Blumen und hat kleine flache

Zähne. „Weißt du eigentlich wieso dieses typische Tier in der tropischen Hitze so viele Haare hat?", fragt der Führer. Ich habe zuvor eigentlich nie darüber nachgedacht, warum das so ist, aber Faultiere haben kaum Energie und bewegen sich deswegen so langsam. Dadurch sind sie nicht mehr in der Lage ihre Körpertemperatur zu regulieren und benötigen deswegen in der Hitze trotzdem ein dickes Fell. Interessante Theorie, oder? Sie benötigen für die Verdauung der Blätter ungefähr 50 Tage. Ein Faultier hat 4 Mägen und in jedem Magen bleiben die zermalmten Blätter ungefähr 1,5 Wochen. Deswegen verlässt das Faultier auch nur 1 x pro Woche den Baum um sein Geschäft bei einer „öffentlichen Toilette" zu erledigen. Andere Faultiere, die in der gleichen Umgebung sind, nehmen dazu den gleichen Baum dafür her. Das ist praktisch, weil man dort auch mal ein anderes Faultier treffen könnte, um sich zu paaren. Eigentlich alles echt sinnvoll.

Die zweite Station ist die Nursery, auch Babyauffangstation genannt. Todesursache Nummer 1 unter den Faultieren ist die Tatsache, dass Faultiere durch die Stromleitungen oft elektrisiert werden. Wenn die Mutter dann ein Baby dabei hat, überlebt das Baby meistens und wenn es gefunden wird, wird es hier in der Schutzstation gepflegt, bis es ungefähr ein Jahr alt ist. Danach geht es wieder in die freie Wildbahn zurück. Romy und ich freuen uns auf „echte" Fotos mit Faultieren, nicht diese Käfige und als die Bootstour angekündigt wird, machen wir alle Kameras für den ultimativen „Shot" mit dem Faultier breit. Unser Bootsmann paddelt im Faultiertempo durch den schmalen Kanal aber... da kommt kein Faultier! Nur Krebse und 1 bis 2 Vögel, die sich verirrt haben, sonst nichts. „Here are no sloths", sagt der Bootsmann. Ich bin von dieser Tour eigentlich sehr enttäuscht. Im Nachhinein hätte ich lieber das Jaguar Rescue Center besucht.

Wir müssen uns jetzt Richtung Orosi beeilen. Es ist schon Mittag und es sind immerhin noch gute 3 Fahrstunden. Etwas niedergeschlagen fahren wir die Strecke bis Squirriles retour und passieren in Limon und Moin nochmals die vielen Seecontainer. Ab Squirriles geht es dann links den Berg hinauf. Via Turrialba und Paraíso ins schöne Tal des Rio Grande de Orosi, auf knapp 1000 m Seehöhe. Orosi ist vor allem wegen seiner Kirche von Bedeutung. Die kleine Klosterkirche gilt als die älteste noch erhaltene Kolonialkirche Costa Ricas. Auch der Cachí-Stausee ist von Bedeutung, er speichert sowohl das Wasser das aus den Bergen kommt als auch das vom Río Agua-Caliente. Und der Cachí-Stausee ist für die Wasserversorgung der Hauptstadt San José verantwortlich. Am Ende des Orosi Tales liegt der Nationalpark Tapantí und mit einer jährlichen Niederschlagsmenge von über 6500 mm das regenreichste Gebiet des Landes.

In Orosi angekommen, bin ich gleich vom herrlichen Flair des Dorfes überwältigt. Gemütlich, klein, sehr dörflich und dann unsere Unterkunft. Die Orosi Lodge ist voll niedlich und wird seit 16 Jahren mit sehr viel Herz von Conny und Andreas, einem deutschen Paar, betrieben. Das Hauptgebäude ist eher eine kleine Kunstgalerie, in der viel lokale Kunst verkauft wird. Masken der Boruca Indianer, bemalte Fliesen mit typisch costaricanischen Zeichnungen aber auch Schokolade und Kaffeebohnen von lokalen Anbietern sind hier für den Wiederverkauf bereit gestellt. Ich bin gleich voll verliebt in den Laden. Die Zimmer sind klein aber ganz nett und zur Dekoration liegen überall aus Papier gefaltete Schmetterlinge, welche Conny selber macht. Es ist am Abend nur etwas hellhörig, wenn du in einem unteren Zimmer übernachtest. Ich bekomme beim Check-in eine ausführliche Erklärung über die Sehenswürdigkeiten und Ausflugsmöglichkeiten in der Umgebung. So können wir eine 30 km Runde durch das Tal drehen. Dabei kommen wir am botanischen Garten Jardin Lancester, dem La Casa del Soñador mit Holzschnitzereien und Bildhauereien und an der Ruinas de Ujarras, einer verlassenen Kirche, vorbei. Beim einen Nachbarn können wir reiten und beim anderen Nachbarn können wir zu den 35°C heißen Thermal-Mineralbädern. Zuletzt bekomme ich noch zwei Empfehlungen was Restaurants betrifft. Das erste ein nettes Restaurant, Coto genannt, mit costaricanischer gutbürgerlicher Küche und das italienische Restaurant, gleich nebenan. Das letzte probieren wir noch am gleichen Abend aus und es ist tatsächlich empfehlenswert.

Kamerapech

Auf der kleinen Terrasse der Lodge bekommen Romy und ich ein herrliches ausgiebiges Frühstück serviert. Aber das Schönste ist sicherlich die Aussicht. Vor uns links sehen wir den 3432 m hohen Irazú Vulkan, auf den wir heute rauf fahren möchten und rechts den Turrialba Vulkan (3329 m), seit 6 Jahren wieder aktiv und auch heute steht eine Rauchfahne am Horizont. Das ist auch der Vulkan, der den Flugverkehr in San José immer wieder lahm legt. Jedenfalls haben wir gute Sicht auf beide Vulkane, das bedeutet, dass die Sicht auch oben am Berg gut ist und wir werden nach dem Frühstück gleich losfahren. Zuerst plage ich mich noch etwas mit meiner Kamera herum. Gestern habe ich auf einmal nicht mehr abdrücken können. Irgendwas mit dem Autofocus funktioniert nicht, obwohl die Kamera mit der manuellen Einstellung auch nicht reibungslos geht. Als ich dann das Objektiv wechsle, geht alles wieder normal. Interessant! Mal schauen, ob das so bleibt.

Ich fahre mit Romy nach Cartago, der früheren Hauptstadt Costa Ricas und biege vor der Tankstelle nach rechts ab, den Irazú hinauf. Ich fahre dabei immer wieder in Nebelwolken, welche durch die Tageserwärmung entstehen. Wir sind vielleicht doch etwas zu spät dran. Der Park öffnet um 8.00 Uhr, spätestens dann hätten wir eigentlich oben sein sollen. Es ist aber schon gute 1,5 Stunden später. Beim Parkplatz angekommen parke ich das Auto aus der Gewohnheit heraus mit der Schnauze nach vorne ein. Ein Security Guide meint, dass ich das Auto umdrehen soll. „In case of an emergency", sagt die Dame. Okay, verstehe. Damit ich gleich losfahren kann, falls der Vulkan ausbricht. Ein beruhender Gedanke? Einmal aus dem Auto merke ich, wie kalt es hier oben am Berg ist. Ich schätze so 12 – 13 Grad und mit Wind, Nebel und Wolken dazu, finde ich es auch mit Jacke recht frisch. In knappen fünf Gehminuten stehen wir beim ersten Kraterrand und sind in einer kargen Landschaft, die an eine Mondlandschaft erinnert, gelandet. Etwas weiter links befindet sich der Hauptkrater, Durchmesser 1 km und 300 m tief, er ist, wegen dem türkis-grünen Kratersee, das meist fotografierte Bild Costa Ricas, welcher manchmal und natürlich jetzt ausgetrocknet ist. Wir sehen nichts anderes als Stein, Lava und Geröll.

Über 15 Jahre war der Nationalpark Irazú der einzige Nationalpark des Landes und ist somit der älteste des Landes. Der Stratovulkan war mit 12 Nebengipfeln der aktivste Vulkan in Costa Rica. Der Ursprung des Namens geht zurück auf eine Indianersiedlung an den Hängen des Vulkans, Izarú genannt, was „zitternder und donnernder Berg" bedeutet. Jetzt zittert und donnert nichts mehr. Obwohl ich am Himmel doch ein kleines blaues Fenster sehe, hängt der gesamte Krater in einer Nebelwolke und ich sehe eigentlich sehr wenig. Auch spinnt die Kamera wieder und ich kann wieder nicht abdrücken. Ich versuche es mit einem anderen Objektiv, mit dem Fernauslöser, Selbstauslöser, Manuell. Heute geht gar nichts mehr. Am liebsten würde ich die Kamera jetzt in den Krater schmeißen! Ich war allerdings so mit der Kamera beschäftigt, dass ich gar nicht gemerkt habe, dass die Nebelwolke weggezogen ist und ich jetzt gute Sicht auf den Krater habe. So tief, Wahnsinn. Und kaum vorstellbar was hier für Kräfte entstehen, wenn der Vulkan mal ausbricht. Ich muss mich leider mit Bildern vom Smartphone begnügen.

Zurück beim Parkplatz rennen zwei Nasenbären herum, auf der Suche nach Essbarem. Im Souvenirgeschäft tröste ich mich mit einem Cappuccino, ärgere mich über die blöde Kamera und muss lachen über die zwei Nasenbären, die nichts ahnenden Gästen einen Schrecken einjagen, indem sie plötzlich neben denen auftauchen. Gestärkt durch den Kaffee fahre ich den Berg wieder hinunter, wo es nach jeder Kurve wärmer und sonniger wird. In Cartago selbst ist heute am Samstag Markt. Obst, Gemüse, Pflanzen und auch Kaffee und Kakao werden hier verkauft. Außer einigen exotischen Früchten, die ich nicht kenne, sehe ich Karfiol, Tomaten, Paprikas und natürlich Bananen und Ananas. Cartago ist auch bekannt für seine Basilika Nuestra Señora de los Angeles, eine katholische Marien-Wallfahrtskirche. Sie birgt die Negrita, die Schutzpatronin des Landes, eine schwarze Madonna, die angeblich Wunder bewirkt. Ich bin absolut nicht kirchlich aufgewachsen und komme nie in eine Kirche. Nur im Ausland besuche ich ab und zu eine schöne oder ganz besondere Kirche. Aber auch das nur für kurze 5 Minuten, dann reicht es mir schon wieder. Auch dieser Kirche statte ich nur einen Blitzbesuch ab, nicht weil ich schnell wieder raus möchte, sondern mehr, weil gerade ein Gottesdienst abgehalten wird. Eine sehr farbenfrohe Kirche, muss ich zugeben.

Zurück Richtung Orosi sehe ich rechts einen Walmart, ein Mega-Laden in dem es echt alles zu kaufen gibt, vom Apfel bis zur Matratze, von Babynahrung bis zu Bohrmaschinen und Autoreifen. Ich schaue in die Abteilung Fotokameras und finde genau 4 Kameras. Die Auswahl ist nicht wirklich optimal, aber da liegt eine Canon EOS Rebel T6, welche ich mir genauer anschaue. Ich denke, es ist das Nachfolgermodell meiner Kamera. Nicht Überprofi, aber leicht und die Funktionen sind etwas erweitert im Vergleich zu meiner Kamera, die immerhin schon 5 – 6 Jahre alt ist. Und das Wichtigste, meine Objektive passen drauf. Aber für satte 600 US$ werde ich zuerst die Kamera im Internet etwas näher anschauen. Außerdem hat die Kamera keine aufgeladenen Batterien, ich kann sie nicht einschalten und die Funktionen nicht ausprobieren. Aber der Verkäufer wird die Batterien aufladen und ich werde später nochmals zurück kommen.

Bei der Lodge angekommen wandern wir zuerst zum Nachbarn, zu Pancho. Er bietet Reittouren an und ich hatte Romy versprochen, dass wir heute reiten werden. Pancho muss zuerst seine Pferde fangen, die laufen frei am Berg herum, sie dann putzen und satteln. Wir werden inzwischen etwas essen und in 30 Minuten wieder kommen. In der Lodge schaue ich mir während des Mittagessens via Internet die Daten der Kamera an. Und wie schon erwartet ist die Rebel T6 ein neues Nachfolgermodell, im Moment nur auf dem amerikanischen und costaricanischen Markt erhältlich. Auch die Beschreibungen deuten auf eine Verbesserung meiner jetzigen Kamera hin. Jetzt habe ich noch nie ein teures Gerät im Ausland gekauft und weiß auch nicht so genau, was ich machen soll. Aber eine Reise ohne Bilder ist auch doof, vor allem weil ich die Bilder benötige für Website, Blogs, Prospekte, etc. Gut, erst mal reiten!

Obwohl es immer noch herrlich warm ist, treiben zwei schwarze Wolkenfelder langsam über das Gebirge herüber und sicherheitshalber bindet Pancho Regenjacken am Sattel fest. Seine Pferde schauen sehr gut versorgt aus und sind absolut brav und gut erzogen. Wir steigen auf die Pferde und reiten zuerst an der Kirche Iglesia de San José de Orosi, erbaut in 1734 und damit die älteste erhaltene Klosterkirche Costa Ricas, vorbei. Dann queren wir die Hauptstraße und kommen zur Hängebrücke, welche die beiden Ufer des Rio Orosi Flusses miteinander verbindet. Obwohl es am Himmel sehr bedrohlich ausschaut, hat Pancho gute Hoffnung, dass es trocken bleibt. Er kennt das Wetter hier wie seine Westentasche. Beruhigt reiten wir durch den Wald an Kaffeesträuchern, Kautschukbäumen und kleinen Gewächshäusern für Basilikum und Chili vorbei. Es ist wirklich eine nette Tour mit prima Pferden und Pancho ist, obwohl er echt kein einziges Wort englisch redet, voll nett und unterhält uns mit Händen und Füßen. Ich schätze, dass er sicherlich schon 70 Jahre alt sein muss. Und wie versprochen kommen wir ohne einen Tropfen Regen zu spüren trocken zum Stall zurück. Romy hilft noch ein wenig mit beim Absatteln, dann verabschieden wir uns von Pancho und seinen Pferden. Pura vida!

Zeit, mich wieder um die Kamera zu kümmern. Später auf der Reise, weiter südlich, werde ich keine Chance mehr haben, eine neue Kamera zu besorgen oder sie reparieren zu lassen. Aber, um dich nicht mit einer Geschichte über Kameras zu langweilen, kann ich dir sagen, dass Rebel jetzt mein neuer Freund geworden ist. Ab sofort gibt es wieder Bilder!

Schwanzfedern

Die Strecke von Orosi via Cartago nach San Gerardo de Dota, unserem nächsten Ziel, führt über die Panamericana und erreicht in diesem Gebiet sogar den höchsten Punkt (3300 m) der Panamericana in Zentralamerika! Es ist eine landschaftlich schöne und auch mühsame Auffahrt. Zahlreiche Kurven lassen mein Auto zwischen 2. und 3. Gang schalten und häufig behindert dichter Nebel die Sicht. Schade, weil bei klarer Sicht die Aussicht echt fantastisch sein muss. Fast oben angekommen nehmen wir die Ausfahrt nach San Gerardo de Dota und alles was ich in den letzten 2 Stunden hoch gefahren bin, fahre ich auf der schmalen Bergstraße zur Trogon Lodge in knappen 10 Minuten wieder hinunter. Wahnsinn, so steil!

Die Lodge liegt traumhaft in einem schmalen Tal, zwischen zwei fast senkrechten Berghängen versteckt. Rechts und links reichen die üppig bewachsenen Berghänge sicherlich 1000 m in die Höhe. Es ist noch relativ früh als wir bei der Lodge ankommen. Unser Zimmer ist noch nicht ganz fertig und Greivin, der Manager der Lodge, lädt uns zum Kaffee und Fruchtsaft ein. Auf der Terrasse in der herrlichen Sonne bespreche ich mit Romy die Möglichkeiten der Touren, die die Lodge anbietet. Wir wollten eigentlich die Canopy Tour am Nachmittag machen, aber diese Aktivität findet nur am Vormittag statt, so müssen wir etwas umplanen. Für morgen ist bereits eine Birdwatching Tour zu den Quetzalvögeln gebucht, anschließend werden wir dann die Canopy Tour machen. Es ist auch möglich eine Wanderung durch den Garten zu machen, aber es ist auch möglich für den heutigen Nachmittag nochmals eine Reittour zu buchen. Ich denke, es lässt sich erraten, wofür wir uns entschieden haben...

Nach dem Kaffee ist unser Holzbungalow fertig und wir bringen erst mal das Gepäck zum Zimmer. Das Zimmer ist klein aber niedlich und es hat eine kleine Gasheizung. Ich denke, die werden wir heute brauchen. Die Sonne ist nämlich verschwunden und ich merke, dass wir uns auf ca. 2000 m Seehöhe befinden. Es ist ziemlich frisch geworden.

Gestärkt vom Mittagessen wartet Raphael mit seinen Pferden schon auf uns. Wieder mal zwei liebe, gut erzogene und prima aussehende Pferde. Sie gehören die nächsten 2 Stunden uns. Es geht über die Hauptstraße noch etwas weiter das Tal hinein, dann biegen wir auf ein benachbartes Gelände ein. Der Fluss, parallel zur Straße, befindet sich links neben uns und zuerst reiten wir noch den Fluss entlang. Romys Pferd bleibt auf einmal still stehen und mag nicht weiter gehen. Ich überhole es und hoffe, dass ihr Pferd meinem einfach folgt, was es dann auch macht. Plötzlich stehe ich vor dem Fluss, Raphael wartet bereits am anderen Ufer des Flusses auf uns. Ja, wie hat er das denn gemacht? Obwohl ich einiges an Reiterfahrung habe, habe ich doch etwas Respekt vor der Überquerung. Der Fluss ist auch nicht ganz untief und das Wasser fließt mit beeindruckendem Tempo den Berg hinunter. Mein Pferd kennt aber den Weg und ohne zu überlegen steht es schon mitten im Fluss. Oh, Hilfe! Auch Romy schaut bedenklich und mit 2 kleinen Anweisungen meinerseits schafft auch sie die Überquerung mühelos. Euphorisch über das Ereignis reiten wir am anderen Flussufer weiter, nicht wissend, dass diese Euphorie noch sicherlich 7 – 8 Mal getoppt werden muss. Eine Stelle ist sogar so tief, dass unsere Füße das Wasser berühren. Im Fluss befinden sich sehr viele Steine und größere Felsbrocken. Die Pferde müssen ganz genau schauen, wo sie ihre Füße hinsetzen und nicht stolpern. Wie gesagt, habe ich einiges an Reiterfahrung, aber habe enormen Respekt für diese Tour. Ich weiß genau, wie ich dem Pferd helfen kann, sicher durch das Wasser zu stapfen. Auch Romy macht es ganz geschickt mit ihrem Pferd. Ich würde allerdings davon abraten, diese Tour mit jüngeren Kindern und unerfahrenen Personen zu machen. Nicht nur die Passagen durch das Wasser sind mit Respekt zu bewältigen. Auch das Klettern den Hang hinauf, die Reitroute den Hang hinunter und das Steigen über Steine, Wurzeln und Bäume ist sehr abenteuerlich. Trotzdem eine schöne Reittour, wobei wir am Ende dann komplett verregnet und gehüllt in Plastik zur Lodge zurück kehren. „Was haben wir da gemacht?", fragt Romy am Abend mehrmals, sehr von ihren Leistungen überwältigt. Das Selbstvertrauen hat einen positiven Boost bekommen!

Alles fliegt

Um 5.15 Uhr piepst es neben meinem Ohr, der Wecker! Für die Quetzal Tour heißt es früh aufstehen und Greivin wartet im Restaurant mit Kaffee, Tee und Keksen auf uns. Eigentlich hätten noch 2 Personen heute mitgehen sollen, sonst gibt es heute keine Gäste in der Lodge. Ich denke mit diesen kalten Temperaturen werden die zwei sich im warmen Bett nochmals umgedreht haben. Wir haben alles, was irgendwie warm ist, angezogen und können uns kaum noch bewegen. Aber wir sind für den Göttervogel der Mayas und Azteken bereit. Die meisten Lodges in diesem Gebiet fahren direkt zum Nationalpark Los Quetzales. Von der Trogon Lodge fahren wir nur 2 Minuten weg und wandern noch mal 2 Minuten zu Fuß den Hang hinauf. Von hier, in einem privaten „Garten", haben wir Sicht auf einen Mangobaum, das Lieblingsessen der Quetzal und... Jawohl! Auf den Quetzal. Ein Männchen sitzt ganz gemütlich auf dem Ast direkt vor uns, keine 10 m entfernt. Seine Schwanzfedern können über 1 Meter lang werden. So lange sind die Federn von diesem Vogel noch nicht, ein jüngeres Exemplar. Damals waren bei den Mayas und Azteken die Federn Symbol höchster Macht. Durch die schonungslose Verfolgung durch den Menschen, der es auf die wunderschönen Schwanzfedern abgesehen hat, ist der Quetzal heute nur noch sehr selten anzutreffen. Aber hier in diesem Baum, direkt vor uns, wird eine fast 100%ige Garantie abgegeben.

Nach dem Frühstück melden Romy und ich uns bei der Rezeption für die Canopy Tour. Nicht nur Greivin, sondern auch Raphael, beide anscheinend „Mädchen für Alles", werden uns dabei begleiten. Romy bekommt ein kleineres Hamas angelegt, ich ein etwas Größeres. Die Ausrüstung schaut sehr gut aus und ausgestattet mit Helm, Handschuhen und extra Sicherungsleine wandern wir 15 Minuten durch den Wald, den Berg hinauf bis zum Startpunkt der Tour. Greivin erklärt ausführlich die Sicherheitshinweise, Raphael zeigt es uns vor, dann sind wir startbereit. Obwohl Romy eine Canopy Tour schon mal gemacht hat, sehe ich ein nervöses Lächeln bei ihr im Gesicht. Sorgfältig befestigt Raphael Romy an der Leine, dann wird die Sicherheitsleine dazu geklippt, Greivin wartet schon an der anderen Seite. Dann Hände richtig, 3, 2, 1, los! Die Jugend muss man ab und zu mit einem Adrenalinkick versorgen.

Insgesamt acht Plattformen und Stahlseile sind zu bewältigen. Wir haben immer Sicht auf die nächste Plattform, manche Zippleinen sind etwas länger, manche etwas kürzer. Genau 1 Stunde später landen wir auf der letzten Plattform, direkt bei der Lodge. Eine Canopy Tour ist immer wieder nett und mit $ 35 hier wesentlich günstiger als sonst wo in Costa Rica.

Wir laden unser Gepäck ins Auto, verabschieden uns bei Greivin und Raphael und fahren die abenteuerliche

Straße wieder hoch bis zur Interamericana. Ab der Hauptstraße sind es noch 3 Stunden bis Ojochal im Süden des Landes, gelegen an der Pazifikküste. Die Straße ist gut befahrbar, die Sicht ist viel besser als gestern und ganz gemütlich geht es immer bergab. Die meiste Zeit sehe ich rechts und links der Straße üppiges Grün, nur ab und zu fahren wir an kleinen Dörfern vorbei. Kurvenreich ist die Straße nach San Isidro zuerst schon und auch weiter den Berg hinunter bis Barú, kurz vor Dominical, geht es kurvenreich zu. Danach folgen wir der Küstenstraße mehr geradeaus bis Uvita. In Uvita angekommen, sehe ich links eine Bank, gleich daneben der Supermarkt. Perfekt. Heute haben Romy und ich Gusto auf Chips! Auch dieser Supermarkt ist wieder riesengroß und alles Denkbare ist hier erhältlich. Obst, Joghurt, Wasser, Windeln, Babynahrung und... Chips. Beim ersten Hinweisschild „Playa" Piñuela biegen wir mit unserer Beute rechts ein und gelangen an einen kleinen Felsenstrand. Der Strand ist verlassen, nur 2 km weiter am anderen Ende der Bucht sehen wir eine Familie am Strand spielen, die Kinder sind mit einem Surfbrett beschäftigt. Wir suchen uns ein dickes angeschwemmtes Stück Baum, setzen uns hin und vernaschen den Sack Chips im herrlichen warmen Ambiente, weil die Sonne wieder ungebremst scheint.

In Ojochal angekommen, sind es von der Hauptstraße noch 7 km über eine Schotterstraße bis zur Rio Tico Safari Lodge. Während unserer ersten Reise haben wir die van der Vekens kennengelernt und seitdem Kontakt gehalten. Diese Familie hat damals ihre Reise noch mit einem

Aufenthalt hier in dieser Lodge verlängert und davon geschwärmt. Ich buche diese Lodge auch regelmäßig für meine Gäste, die ebenso vom fantastischen Ambiente schwärmen. Endlich darf ich die Lodge selbst besuchen und werde herzlich von Cees, dem holländischen Besitzer, begrüßt. Er kennt mich nur vom Namen TRAVELKID und ist erstaunt, als ich ihn auf Holländisch anspreche. Er dachte, ich bin Deutsche. Nach einer Erklärung über Frühstück, WLAN und Aktivitäten beziehen wir unser Zelt. Und ich verstehe absolut, warum jeder schwärmt von dieser Anlage. Ein Traum.

Rio Tico Safari Lodge in Ojochal

Bird Watching – auf der Suche nach dem Göttervogel

Dschungelwanderung Corcovado Nationalpark

Schnorcheln Caño Island, Corcovado Nationalpark

Quadbike Tour Tambor

Enjoy Costa Rica. Pura vida!

Nasse Füße

Punkt 9 Uhr melden wir uns bei der Rancho el Merced, kurz nach Uvita, für unsere Reittour. Ursprünglich hatte ich nur diese Reittour geplant gehabt, alle anderen Reittouren sind spontan dazu gekommen und unsere Reise schaut so langsam mehr nach einem Reiturlaub aus. Uns macht es nichts, wir lieben es zu reiten. Von der Lodge aus hätten wir auch eine Kajaktour durch die Mangroven buchen können. Cees' Nachbar veranstaltet diese private Tour. Eine andere Möglichkeit ist die Tour zu den Delphinen und Walen, welche in dieser Jahreszeit von Antarktika herüber kommen um ihre Babys zu gebären. Aber wir fahren morgen in den Corcovado Nationalpark und hoffen die Buckelwale während einer der Bootsfahrten zu sehen. Deswegen die heutige Reittour.

Esteban wartet bereits auf uns und hilft uns auf die Pferde. Obwohl die Ranch gleich am Wasser des Ozeans liegt, können wir wegen der Flut nicht am Strand reiten. So führt Esteban uns in den primären Regenwald, welcher in Privatbesitz ist. Kleine Kapuziner Affen schauen uns verdutzt vom Baum aus an und eine Gruppe Tayras kreuzt unseren Weg. Diese marderartigen Tiere sind völlig schwarz und erreichen eine Körperlänge von 70 cm, ohne Schwanz, der nochmals so lang ist. Obwohl Tayras Waldg bevorzugen und gute Kletterer sind, sind sie überwiegend am Boden anzutreffen, so auch hier. Auch bei dieser Reittour müssen wir mehrmals den Fluss durchqueren. Und, obwohl der Fluss teilweise viel tiefer ist, als der Fluss bei der Trogon Lodge in San Gerardo de Dota, liegen weniger große Steine im Wasser und ist es für die Pferde viel leichter den Fluss zu durchqueren. Romy reitet ein ganz kleines Pferd und ihr Pferd steht schnell bis zum Bauch im Fluss, was ein komischer Anblick ist. Romy versucht noch ihre Füße trocken zu halten, aber da hat sie keine Chance! Nach einer Stunde Ritt durch den Wald gelangen wir wieder zum Fluss und zu einem mini-kleinen Wasserfall mit zwei natürlichen Pools. Wiederum durchqueren wir den Fluss und halten an der anderen Seite für eine kurze Pause an. Weil wir nach der Reittour noch zum Strand fahren wollen, haben wir unsere Badesachen an und das passt jetzt natürlich perfekt. Kristallklares Wasser, nicht allzu kalt und ein fantastisches Ambiente für eine kleine Schwimmrunde. Perfekt! Es ist für mich immer einer der Gründe, warum ich im Ausland eine Reittour machen möchte. Du kommst dabei an Plätze, tief versteckt im Wald, welche du normalerweise nicht zu sehen bekommst. Hier spürst du die echte Natur! Definitiv die schönste Reittour der Reise!

Wir biegen zur Villa Hermosa ein und gelangen zum Parkplatz. Hier liegt die kleine Villa verschollen im Wald direkt am schönen Lavastrand von Playa Hermosa. Vom Strand ist nicht viel übrig. Es ist gerade Flut und die Wellen reichen fast bis zum Waldrand. Ich hänge unsere Rucksäcke sicherheitshalber im Baum auf, während Romy schon im Wasser steht. „Vorne bleiben", sage ich ihr sicherheitshalber, weil es öfters Strömungen vor der Küste gibt. Ein amerikanisches Ehepaar aus Chicago steht neben uns im Wasser und keine 5 Minuten später sehen wir, wie der Mann tatsächlich im Wasser von einer Strömung erfasst wird. Er weiß aber, was er tun muss und lässt sich einfach mittreiben, bis er wieder stehen kann. Wenn du versuchst, gegen die Strömung zu kämpfen, wirst du den Kampf immer verlieren. Die Strömung hat sich auch schon wieder aufgelöst und kurze Zeit später steht der Amerikaner wieder neben uns am Strand. Obwohl diese Bucht echt geschützt liegt, trotzdem - und vor allem bei Flut - gut aufpassen!

Beim Restaurant bestellen wir ein Mittagessen. Romy nimmt Arroz con Pollo, also Huhn mit Reis und ich nehme Huhn mit Champignons, dazu einen Mango- und Erdbeersaft. Alles schmeckt hier in dem gemütlichen Ambiente fantastisch. Obwohl das kleine angrenzende Schwimmbad auch verlockend ausschaut, fahre ich nach dem Essen zurück zur Lodge für einen wohlverdienten Cappuccino. Cees zeigt mir noch die Schwimmmöglichkeiten beim Fluss und den Wasserfall. Von Dezember bis April ist der Fluss nur ein plätschernder Bach, Kinder lieben es dann im Fluss zu spielen. Sie können sich mit Reifen ein Stück flussabwärts treiben lassen, von einem Felsen runterspringen oder zum Wasserfall wandern. Auch in dieser Zeit Juli August ist der Fluss sehr beliebt, obwohl der Fluss nach einem Regenguss meistens etwas mehr Wasser hat und es dadurch mehr Strömung gibt. Cees zeigt mir auch noch die anderen Zelte. Jedes Zelt ist nur für maximal 3 Personen ausgestattet. Für Familien mit mehr Kleinkindern müssen die Eltern sich für diese Nächte trennen, sonst gibt es im Hauptgebäude eine Suite mit 2 getrennten Schlafzimmern. Meistens finden die Gäste, beim Anblick der Zelte, das Zimmer dann enttäuschend, weil sie lieber ein Zelt haben möchten. Wenn die Kinder bereits alleine in einem Zelt schlafen können, gibt es 2 Zelte etwas näher aneinander gereiht. Am Abend kannst du 1 km weiter vorne im Restaurant El Pavon ein Abendessen bestellen. Wir bleiben in der Lodge, Cees serviert am Abend einen kleinen Snack wie Wrap, Toast oder Salat, wofür wir uns entscheiden. Und mit einem Cappuccino und einem guten Gespräch lassen wir den Tag gemütlich ausklingen.

Corcovado

In einer Stunde fahren wir noch weiter südlich bis Sierpe, von wo die Boottrips zum Corcovado Nationalpark loslegen. Zuerst über den Rio Sierpe, danach aufs offene Meer bis Drake Bay. Das Boot ist nicht wirklich groß und außer einer Hand voll Touristen werden hauptsächlich Einheimische mit ihren wöchentlichen Einkäufen auf das Boot geladen. Corcovado ist der zweitgrößte Nationalpark des Landes und gleichzeitig das regenreichste Gebiet des Landes. Und das beweist es uns gerade indem es gießt. Und wie!

Gehüllt in Plastik steigen wir an Bord, das gesamte Gepäck befindet sich schon vorne im Frachtraum und ausgestattet mit einer Schwimmweste legen wir los. Echt gemütlich ist die Fahrt überhaupt nicht. Der Wind lässt die Regentropfen in unsere Gesichter klatschen und einmal auf dem offenen Meer kämpft das Boot gegen die rauen Wellen und den hohen Seegang. Ich muss ab und zu echt schlucken und gehe davon aus, dass wir gut ankommen werden. Romy ist weniger positiv gelaunt und kneift meine Hand grün und blau. Die Bootsfahrt ist sicherlich nichts für Weicheier und schon überhaupt nicht für Kleinkinder!

Nach einer guten Stunde heißt es "Land in Sicht" und wir sind in Drake Bay angekommen. Wir können endlich aussteigen, eine Wet Landing, und auf dem Strand wartet Ingris von unserer Pension schon auf uns. Wir übernachten in der Basic-Lodge Manolo, bekannt für seine ausgezeichneten Führer. Das soll hier im Regenwald mehr wert sein, als eine Luxuslodge. Der Corcovado Nationalpark hat eine große Vielfalt an unterschiedlichen Vegetationstypen von Berg- und Palmenwald über Sumpfwald bis hin zu Mangrovensümpfen ist hier alles zu finden. Wir kommen eher wegen der 60 Arten von Säugetieren, sowie die 360 Vogelarten und 117 Arten Reptilien und Amphibien, die hier alle im Nationalpark leben sollen. Im Manolo Bungalow angekommen steht Wifi, trotz abgeschiedener Lage, zur Verfügung und wir beziehen ein kleines einfaches aber sauberes Zimmer. Der Rest des Tages steht zur freien Verfügung. Mit den enormen Regenmengen die vom Himmel herunter kommen, hängen wir in der Hängematte auf unserer überdachten Terrasse herum, lesen Zeitschriften und spielen Rummikub. Die kleine Stadt muss warten.

Während unseres Aufenthaltes haben wir Vollpension und können am Abend im Claudio's Grill einfach etwas von der Karte bestellen. Ich bestelle Shrimps und Romy Zucchini, alles wird draußen auf dem Griller zubereitet und schmeckt fantastisch.

Am nächsten Morgen läutet der Wecker um 5 Uhr und wir werden eine Stunde später von Manuel, einem lokalen Führer, begrüßt. Er spricht gut englisch, ist sehr freundlich und hilfsbereit. Mit zwei Schweizer Mädchen und einem jungen Pärchen aus Deutschland wandern wir die Straße zum Strand hinunter, wo das Boot schon auf uns wartet. Als wir eingestiegen sind, fährt unser Bootsmann auch schon los, Richtung Sirena. Das Meer ist wieder sehr rau und die Wellen teilweise recht hoch. Behutsam manövriert unser Kapitän das Boot durch die Wellen. Wenn die Welle zu hoch ist, nimmt er Gas weg, damit das Boot nicht zu hart auf das Wasser aufprallt. Manchmal kommen die Wellen von vorne, manchmal von der Seite. Eine lange Stunde plagen wir uns durch die hohen Wellen. Wie schon gesagt, echt nichts für Familien mit Kleinkinder, wir empfehlen Corcovado erst für Kinder ab 10 Jahre.

In Sirena angekommen gibt es wieder eine Wet Landing. Ein kleines Camp ist hier eingerichtet, wo wir unsere Füße sauber machen können und die Bergschuhe wieder anziehen, obwohl Gummistiefel im Regenwald echt besser sind. Gleich geht unsere 4-stündige Wanderung los, wobei es immer flach bleibt und wir auch nicht ständig marschieren, sondern viel schauen und uns viel Zeit nehmen, die gefundenen Tiere zu beobachten und zu fotografieren. Gleich im ersten Baum, das Highlight der Wanderung: ein Ameisenbär. Ich habe nicht gewusst, dass diese Tiere auch im Baum herum klettern. Das Wetter ist sehr brauchbar. Bewölkt aber warm und zumindest kein Regen. Interessanterweise halten die 60 Arten Säugetiere sich großteils versteckt. Was man bei einer Wanderung eigentlich immer sieht, sind Affen, so auch hier. Kapuziner Affen, Spider Affen und Heuler sind die gängigsten Arten in diesem Gebiet und queren immer wieder unseren Weg. Ein paar Tukane und ein Faultier runden den ersten Teil der Wanderung ab.

Beim kleinen Hauptbüro des Schutzgebietes müssen wir uns registrieren lassen und können gleichzeitig unsere Lunchpakete aufessen. Ich sehe hinter dem Gebäude eine Gruppe Backpackers stehen. Sie haben hier auf einem Podest, unter einem Dach, entweder ein Zelt aufgestellt oder einfach ein Moskitonetz aufgehängt und liegen mit Isomatte und Schlafsack am Boden. Wenn man günstig reisen will eine spannende Sache! Ich habe diese Rucksackzeiten schon längst hinter mir und bevorzuge eher die etwas luxuriösere Variante des Reisens.

Ich habe mich in meinem letzten Bali Reisebericht *(Reisfelder - ISBN 978-3-8391-0009-7)* noch sehr aufgeregt, dass Touristen so oft in schlampiger Kleidung unterwegs sind. Ich muss mich hier echt korrigieren. In Costa Rica und vor allem in dieser Jahreszeit kannst du alles edle echt zu Hause lassen. Die gesamte Kleidung, die ich bis jetzt angehabt habe, ist mindestens 10-mal nass geworden, ich habe versucht sie in der hohen Luftfeuchtigkeit zu trocknen aber alles stinkt. Die glatten Haare sind ein Lockenkopf geworden, auf den viele Afrofrauen stolz sein würden, die Haut ist klebrig, entweder von Schweiß oder von Anti-Moskito-Creme. Nein, in Costa Rica ist keine Spur von irgendwelcher Glamourösität zu finden. Auch jetzt regnet es wieder und gehüllt in Plastik wandere ich weiter in den Regenwald hinein. Das Plastik ist im Regenwald furchtbar heiß, du schwitzt darunter echt irre und im Endeffekt wird die Kleidung nässer mit als ohne Regenschutz. Unter den Bäumen regnet es bedeutend weniger, es sind nur größere Regentropfen, die von den Blättern herunter fallen und ich packe das Plastik gleich wieder weg. Ich werde so, geschützt von den Blättern der Bäume eigentlich gar nicht so nass. Leider sehen wir jetzt keine Tiere mehr, die haben sich vor dem Regen versteckt. Manuel versucht noch den Tapir zu finden, aber auch der wird sich tiefer im Regenwald versteckt haben. Nur in der Nähe vom Strand wagt sich eine Gruppe Kapuzineraffen in den Regen. Auch hier bleiben die Affen, wie in Malaysia *(Affentheater - ISBN 978-3-7347-6037-2)*, in der Nähe vom Strand, weil sie sonst Angst haben, den Weg im Regenwald zu verlieren. Zurück beim Camp werden wir mit Kuchen, Ananas, Wassermelone und Wasser versorgt. Danach geht es mit dem Boot eine Stunde über den inzwischen noch raueren Ozean wieder retour.

Schwimmen mit Haien

Wir dürfen am nächsten Morgen eine Stunde später aufstehen, Schnorcheln rundum Caño Island, einer vor gelagerten Insel, steht auf dem Programm. Mit der gleichen Gesellschaft wie gestern, begleitet von Gustavo, dem Schnorchelführer, steigen wir Punkt 7 Uhr ins Boot für die 45-minütige Überfahrt. Jorge ist unser Kapitän, ein Herr meines Alters. Das Alter hat hier eine positive Auswirkung, weil er eher auf die bequemere Art unterwegs ist. Er fährt langsamer und dadurch liegt das Boot viel ruhiger auf dem Wasser. Das Wetter ist traumhaft schön, mit einem blauen Himmel, genau passend zu einem relaxten Tag auf dem Wasser und am Strand. Inzwischen halten wir während der Überfahrt ständig Ausschau nach Delphinen und Walen. Ich muss sagen, es ist am Anfang sehr schwierig die Wale zu finden. Bis ich merke, dass es einfacher ist Ausschau nach der Wasserfontäne zu halten, die ein Wal alle 15 – 20 Minuten produziert. Sobald du diese Fontäne gesehen hast, kannst du die Rückenfinnen der Humpback Wale oder Buckelwale auch erkennen. Und natürlich sehen wir zahlreiche Wale. Es ist absolute Hochsaison, weil genau jetzt die meisten Wale vor der Küste zu finden sind. Die Babys sind Ende August schon relativ groß, weil in 6 – 8 Wochen sie bereit sein müssen für die große Reise Richtung Süden. Ich bin mir sicher, dass wir gestern auch an einigen Exemplaren vorbei gefahren sind. Nur wird es dem jungen Kapitän zu lange gedauert haben, uns die Wale zu zeigen. Obwohl ein National Geographic Titelbild von einer aus dem Wasser ragenden Schwanzflosse hier echt nicht zu sehen ist, ist es trotzdem ein fantastischer Anblick und den Walen mit ihren Babys zuzuschauen, die in den Wellen herumspielen. Ich sehe auch, wie die Mütter sich liebevoll um ihre Babys kümmern und wie zwei Männchen sich streiten. Fantastisch.

Wir sollten weiterhin Ausschau nach Möwen halten. „If you see seagulls, then we can find the dolphins", erklärt Gustavo. Beides, Vogel und Delphin, ernähren sich von den gleichen kleinen Fischen und durch das gemeinsame Jagen haben beide etwas davon. Gustavo nimmt sich recht viel Zeit Wale und Delphine für uns zu finden, wobei wir immer wieder im Wasser dümpeln. Die Überfahrt hat so viel länger gedauert als geplant und Romy ist vom Dümpeln ziemlich schlecht geworden. Sie möchte nicht mitgehen zum Schnorcheln und wird am Strand abgesetzt. Da kann sie sich etwas erholen. Ich gehe mit dem Boot mit. Etwas vor der Küste lege ich Taucherbrille und Flossen an und springe mit der kleinen Unterwasserkamera ins Wasser. Bei angenehmen 27° C lässt es sich im Wasser schon eine Weile aushalten. Unter Wasser sehe ich kein Great Barrier oder Malediven Riff, aber trotzdem ist das Riff sehr schön und fischreich. Zwischen den Korallen gibt es Sergeant Major, Wimpel-, Papageien-, Kaiser- und Schmetterlingsfische. Etwas weiter am Boden die Seeigel, Seegurken, eine Muräne und eine Karettschildkröte. Sensationell! Und wenn du 3 – 4 Meter nach unten tauchst und gut zuhörst, hörst du die Wale singen. Sie könnten hier einfach an dir vorbei schwimmen, was natürlich echt spannend wäre.

Nach einer Stunde wird es mir zu kalt im Wasser und ich steige wieder an Bord. Die anderen Schnorchler kommen auch langsam an Bord und einige Minuten später treffe ich Romy wieder am Strand. Sie ist in der Zwischenzeit etwas am Strand gewandert und hat viel fotografiert. Sie fühlt sich immer noch nicht so gut, möchte für die zweite Schnorchelrunde trotzdem auf das Boot mitkommen. Der Kapitän vom Boot neben uns, erzählt, dass die Wale ganz in der Nähe sind. Damit ist für Romy Schluss mit Schnorcheln. Sie steigt auf keinen Fall ins Wasser, wo die Wale so nah an ihr vorbei schwimmen könnten. Sie bleibt an Bord, was wegen dem Dümpeln eine schlechte Idee ist, aber Teenager sind manchmal sehr eigensinnig. Ich springe nochmals ins Wasser. Das Riff befindet sich etwas tiefer und hé, was sehe ich da auf dem Boden liegen? Ich winke Gustavo und deute auf das Tier. Dann macht er das Zeichen, was unter Tauchern den Adrenalin-Spiegel höher steigen lässt. Er macht eine flache offene Hand und hält diese senkrecht vor seine Stirn. „Shark!" Echt? Da liegt ein kleiner Hai, so 10 Meter unter mir am Meeresboden. Und gleich daneben noch einer. Ich denke die beiden white tipp reef sharks sind so 1,5 bis 2 Meter lang und liegen ganz gemütlich am Meeresboden, wartend auf Beute. Ich war früher regelmäßig tauchen und habe viel geschnorchelt, aber einen Hai habe ich noch nie gesehen! Fantastisch. Etwas später sehe ich noch eine Karettschildkröte und versuche Romy damit ins Wasser zu locken. Keine Chance! Als ich etwas später nochmals einen Hai sehe, hat sich das Schnorcheln für mich in jedem Fall ausgezahlt. Für Romy war das an Bord bleiben nicht so fantastisch. Durch das Schaukeln ist ihr wieder speiübel. Ein Tipp also, wenn die Kinder zum Schnorcheln nicht mitkommen möchten, lass sie am Strand und nicht unbedingt auf dem Boot!

Jetzt wo wir wissen, wie wir die Wale erkennen können, sehen wir bei der Überfahrt zum Picknickstrand mehrere Fontänen, Rückenfinnen und einmal sogar eine Schwanzflosse. Gewaltig! Das Picknick schmeckt nach dem Schnorcheln umso besser. Gustavo hat einiges für uns hergerichtet; Thunfisch, Reis mit Huhn, Gurken, Melone, Tomaten, Kartoffelsalat, Nudelsalat und alles schmeckt nach den verschiedenen Highlights sensationell. Auch Romy geht es mit Land unter ihren Füßen wieder besser und schleckert gleich 2 Teller weg. Das Wetter ist immer noch erstaunlich gut, die Sonne brennt auf die Haut und der Sand ist so richtig heiß unter den Füßen. Herrlich.

Eine Stunde lang bleiben wir am herrlichen Strand bis wir, etwas schneller als geplant, einpacken und verschwinden müssen. Hinter den Bergen nähert sich eine echt schwarze Front, welche sehr bedrohlich ausschaut. Ich nehme meinen Rucksack aus dem Baum, wo ich ihn aufgehängt hatte, hänge ihn über meine Schulter, nehme Schuhe und Handtuch mit und laufe mit Romy zum Boot. Keine 4 Sekunden später fühle ich kleine schmerzhafte Stiche auf dem Rücken und am Arm. Feuer-Ameisen! Shit, mein Körper ist voller beißender Tierchen, die sich zu Tausenden auf meinem Rucksack versammelt hatten und sich jetzt voll aggressiv in meiner Haut verbeißen. In einem Seitenfach waren noch 4 Nüsse drinnen, die sie mit gesammelter Mannschaft vernascht haben. Ich habe gedacht, dass mein Rucksack im Baum sicher hängt und habe, ohne nachzuschauen, den Rucksack umgehängt. Mit 40 brennenden Stichen am Rücken und Arm - und einem lachenden Kapitän - steige ich ins Boot ein. So was Dummes! Und ich kann euch sagen, dass die Stiche echt höllisch weh tun, eine ganze Woche lang!

Kurze 10 Minuten später steigen wir aus dem Boot und kommen noch trocken zur Lodge. Ich schaue inzwischen echt wie eine Obdachlose aus und möchte das Salzwasser vom Körper und aus den Haaren waschen. Leider gibt es heute nur kaltes Wasser. Wie gesagt, die Unterkunft in Corcovado ist echt kein Luxusquartier, aber sie ist sauber und zumindest gibt es hier keine Kakerlaken. Den Nachmittag verbringen wir wieder auf unserer überdachten Terrasse, spielen Rummikub und ich muss mein Tagebuch weiter aktualisieren. Nur habe ich inzwischen schon so viel geschrieben, dass die Tinte vom Kugelschreiber ausgegangen ist. Gemeinsam mit Romy wandere ich die schmale Straße zum Dorf hinüber, auf der Suche nach einem neuen Kugelschreiber. Rechts und links liegen, versteckt hinter dem Gebüsch, die Häuschen der Einheimischen. Es ist nicht viel Besonderes, in dem die Menschen wohnen. Ein, zwei Räume, ein kleines Badezimmer, Wellblech und eine Mauer, die vor ewigen Zeiten das letzte Mal neue Farbe gesehen hat. Links ein großer Supermarkt, wo die Locals alles Notwendige einkaufen können. Natürlich Windeln, Babynahrung, aber auch kleine Gebrauchsgegenstände wie ein Bremskabel für das Fahrrad oder Flipflops. Nur keinen Kugelschreiber. Weiter die Straße entlang liegen noch ein paar kleinere Lodges, Haciendas, Anbieter von verschiedenen Touren, eine Surfschule und eine Touristen-Information alias Souvenirgeschäft. Die meisten Souvenirs in Costa Rica sind „Made in China"! Auch hier im Geschäft sehe ich kleine Schüsseln ausgestellt, die ich in Malaysia auf dem Markt gesehen habe, während meiner letzten Reise auf Bali in der Hand gehalten habe und in China sogar gekauft habe. Alles „Made in China" und teuer! Costa Rica ist echt alles außer billig. Unglaublich wie hochpreisig die Souvenirs hier sind. Der Minimum Lohn liegt in Costa Rica bei 300 US $ pro Monat. Wie können die Menschen sich das hier alles leisten?

Ich finde ein etwas exotischeres Kugelschreibermodell, aus Holz mit einem großen Tukan oben drauf. Herrlich kitschig. Und jetzt schreibe ich das Tagebuch mit dem US$ 5 teuerem Kugelschreiber. Die freundliche Dame aus dem Geschäft wird sich gefreut haben.

Am Abend essen wir nochmals direkt bei der Lodge in Claudio's Grill. Obwohl die Beilagen schon 3 Tage gleich sind, schmeckt das am Grill frisch zubereitete Essen, egal ob Huhn, Wolfsbarsch oder Shrimps, echt fantastisch. Und das Personal ist sehr freundlich. Ein Restaurant zum Weiterempfehlen!

Crocodile Man

Mit dem Boot fahren wir zurück nach Drake Bay und mit dem Auto weiter Richtung Norden. Playa Tarcoles ist das heutige Ziel und das Wetter ist wieder mal fantastisch. So viel blau, daran kann ich mich nie satt schauen. Auf der Straße ist es ruhig und der Asphalt im besten Zustand, damit wir schnell voran kommen. Links liegt das Meer, obwohl die Sicht, vor allem rundum Quepos, von kilometerlangen Palmölplantagen behindert wird. Früher war dieses Gebiet bekannt für seine Bananenplantagen, aber durch eine Krankheit in den Bananenbäumen ist es nicht mehr möglich hier Bananen zu pflanzen. Die Industrie hat sich nach Nordosten, Sarapiqui und Tortuguero, verlagert. Und jetzt wird hier, einfach weil das Geld der Palmölindustrie lockt – und weil wir es „verlangen" - Palmöl produziert.

Nochmals weiter nördlich, ab Playa Bejuco, wird der Verkehr dichter und obwohl heute Samstag ist, sind relativ viele LKWs unterwegs. Neben der Straße sehe ich Reisfelder soweit das Auge reicht und ich habe gar nicht realisiert, dass in Costa Rica Reis angebaut wird. Aber warum eigentlich nicht? Das Klima ist perfekt dazu. Manchmal produzieren die Bauern so viel Reis, dass sie die Ernte sogar nach Nicaragua exportieren müssen.

In Playa Tarcoles melden wir uns beim „Crocodile Man" für eine Natur-Safari zu den Krokodilen im Tarcoles

Fluss. Dieser Fluss entspringt in der Nähe von San José und mündet in Tarcoles, 75 km von San José entfernt, in den Pazifik. Der Fluss ist bekannt wegen den vielen großen Krokodilen, welche du von der Tarcoles Brücke aus sehen kannst. Die Tour verspricht eine Fahrt durch die Mangrovenwälder mit zahlreichen Vögeln und eben Krokodilen. Jason heißt uns herzlich willkommen und ist schon mal mehr mit seinem Handy als mit uns beschäftigt. Ich weiß nicht. Liegt es an mir oder ist die Welt einfach so viel unhöflicher geworden, dass die Aufmerksamkeit nicht mehr bei uns Menschen liegt? Aber Jason versetzt mich noch weiter ins Staunen…

Wir sind inzwischen auf dem Fluss unterwegs, der Mangrovenwald hat sich als Wald mit höchstens 4 Mangrovenbäumen herausgestellt und jetzt erzählt er „that it's not longer allowed to feed the crocodiles." „That´s fantastic news", sage ich euphorisch. Ein neues Gesetz verbietet den Bootsmännern die Krokodile zu füttern, was natürlich eine fantastische Nachricht ist. Aber bei „Angelina Jolie", so wie er das Krokodil direkt neben unserem Boot nennt, nimmt Jason doch ein Stück Fleisch aus einem Kübel und hält es ihr vor die Nase. Ich weiß nicht, bin ich jetzt so dumm? Wieso hält er das Fleisch vor ihre Nase, wenn füttern verboten ist? In dem Moment kommt Angelina aus dem Wasser heraus und schnappt nach dem Fleisch. Aber dann befolgt Jason das Gesetz und nimmt ihr das Stück Fleisch blitzschnell weg. Angelina greift daneben. „If it's not allowed to feed them, why are you feeding her then?", frage ich Jason. „I am not feeding her!", sagt Jason stoisch. Nein, da hat er

Recht. Er hat ihr das Stück Fleisch nicht gegeben, aber werde ich jetzt verarscht? Ich glaube nicht, dass die Regierung das neue Gesetz so gemeint hat, den Tieren das Fleisch vor die Nase zu halten und dann nicht zu geben. Ahh, ich ekle mich echt vor dieser Sorte Menschen!

Seit einigen Jahren steht in Europa das „Vergnügen mit Tieren" massiv zur Diskussion. Ganz zu Recht, meiner Meinung nach. Ehrlichkeitshalber muss ich gestehen, dass ich mich vorher mit diesem Thema nicht so befasst habe. Aber nach einigen Recherchen, einigen Berichten des WWF's und viel logischem Denken, habe ich meine Meinung zum Schwimmen mit Delphinen, Reiten auf Elefanten und so, doch etwas geändert. So lange „wir" uns auf Elefanten herum kutschieren lassen, werden die Tiere aus ihrer natürlichen Umgebung rausgenommen und leben ab dann ein angekettetes Leben. Ich weiß nicht, wie es dir geht, aber ich habe dabei ein schlechtes Gewissen. Weil sei mal ehrlich, wenn ein 5 Meter langes Krokodil, namens Angelina Jolie, neben deinem Boot einfach liegen bleibt, du es anfassen kannst, es nicht mal untertaucht oder wegschwimmt, ist das doch kein normales natürliches Verhalten oder? Die Krokodile im Rio San Carlos in Boca Tapada oder Tortuguero hauen ab oder tauchen unter, wenn du dich im Boot näherst. Mrs Jolie nicht.

Und was passiert, wenn alle Menschen diese Tiere tagtäglich füttern werden? Das kann für die Tiere nicht gesund sein, oder? So fange ich mit Jason eine Diskussion an und möchte auch hier nach deiner Meinung über das „Vergnügen mit Tieren" fragen. Was sagst du dazu? Ist eine Reittour auf einem Elefanten erlaubt, wenn er dafür ein angekettetes Leben leben muss? In Asien ist es jetzt „in" tote Baby-Skorpione auf die Nägel zu kleben und noch lebende Baby-Schildkröten in einer Plastikkugel für 2 Wochen als Schlüsselanhänger mitzuführen. Danach sind sie qualvoll erstickt. Ich denke, die meisten lehnen dieses „Vergnügen" ab, aber glaubst du, dass Delphine im offenen Meer auch zu dir kommen würden, um mit dir zu schwimmen? Wie kritisch bist du? Wo liegt deine Grenze? Ich selbst merke, dass ich das Thema auch noch nicht so klar definieren kann. Weil, geht eine Canopy Tour noch? Wie ist es mit einem Besuch im Tiergarten? Und wie sieht es mit einer Reittour aus?

In jedem Fall habe ich Mr. Showman Jason echt beleidigt und von seinem Sockel geholt. Er traut sich bei „Osama Bin Laden" kein Stück Fleisch mehr aus der Truhe zu nehmen und nimmt sich nicht mal mehr die Mühe aufzustehen oder etwas zu erzählen. Beifall bekomme ich von einem indischen Mann und auch eine kanadische Dame mischt sich in die Diskussion. Abgesehen davon, ob „gefüttert" wird oder nicht, muss ich ehrlich gestehen, dass ich ein Bild, wo das Krokodil aus dem Wasser springt und Jason davor mit dem Fleisch in der Hand steht, auch kein schönes Bild finde. Ich fotografiere ein Krokodil lieber in seiner natürlichen Umgebung. Und weil Showman Jason jetzt bei niemandem aus unserem Boot mehr aufs Foto kommt, zeigt er Bilder von seinem Handy, auf denen er das Füttern noch gemacht hat und

Osama Bin Laden und Angelina Jolie „gefährlich" zugeschnappt haben. Ja, Ruhm ist vergänglich, Jason muss noch lernen damit umzugehen, bevor Tierschützer ihn einholen.

Enttäuscht von der Tour fahren wir zur Villa Lapas, keine 5 Minuten vom Anlegeplatz entfernt. Ich weiß nicht, ob es durch meine Laune kommt, weil die Lodge in einem wunderschön gepflegten Garten liegt, aber das Zimmer gefällt mir überhaupt nicht. Es ist dunkel, muffig, feucht und es stinkt. Nein, ich bin nicht begeistert. Aber meine Laune verändert sich, sobald die Dämmerung einbricht, Fledermäuse rundum unser Zimmer flattern, ein Nasenbär über das Gelände rennt, Grillen mit ihrem Konzert anfangen und rotgrüne Aras über den Garten fliegen. So mag ich die Natur!

Grundfrau

Die kommenden 3 Tage sind wir am schönen Strand von Tambor. Hilde, eine belgische Dame, hat vor 19 Jahren das Tango Mar Resort gekauft. Eigentlich für ihre Tochter und ihren damaligen Mann. Inzwischen gibt es diesen Mann nicht mehr, wohnt ihre Tochter in Belgien und leitet Hilde schon 14 Jahre das Resort ganz alleine. Obwohl alleine, 50 Personalmitglieder helfen ihr bei der täglichen Arbeit. Von Kellner, Zimmermädchen über Chauffeur bis hin zu Putzereiangestellten und Stallknecht. Ich kenne Hilde von der ITB Messe, die größte Reisemesse der Welt, welche jährlich in Berlin abgehalten wird. Als Hilde uns eine Führung über das Gelände gibt, bin ich von der Größe des Resorts beeindruckt. Ein 9 Loch Golfplatz rundet das Angebot ab und wird noch durch einen Reitstall verkomplettiert. Die ist wirklich eine Grundfrau, weil Herr hier ja nicht zutrifft. Auch zeigt sie mir die verschiedenen Zimmerkategorien, die auf dem Gelände verstreut liegen. Meine Gäste werden meistens in den Beach Front Zimmern untergebracht. Für Familien mit 3 oder 4 Kindern steht auch die Robinson Crusoe Villa gegen Aufpreis zur Verfügung und ist echt empfehlenswert. So am Ende der Reise kann die Familie noch mal richtig relaxen und zusammen sein, wie in einem Haus und das Familienleben genießen. Für eine Familie mit einem Kind ist ein Upgrade ins Luxuszimmer empfehlenswert. Direkt am Meer, das Zimmer und auch das Badezimmer supergroß, behindertengerecht und mit einer großen Terrasse mit Aussicht auf das Meer. Egal in welchem Zimmer du bist, Hilde hat das Resort in den letzten Jahren komplett durchrenoviert. Sie erklärt auch „die Probleme", die es bei der Erhaltung gibt. So muss jeden Tag Gift gespritzt werden um die Anzahl der Ameisen zurückzudrängen. Sonst werden diese innerhalb kürzester Zeit das Resort übernehmen. Auch Algen am Boden und an der Mauer müssen wöchentlich behandelt werden. Bei den Suiten sehen wir das Resultat, weil die wegen Nebensaison schon eine Woche nicht vermietet sind. Es schaut aus, als ob die Zimmer „in die Jahre" gekommen sind und hier schon viele Monate niemand sauber gemacht hätte. Du bist echt auf verlorenem Posten!

Für den Nachmittag habe ich eine Tour mit einem Quadbike durch das Landesinnere gebucht. Das ATV Fahrzeug ist ein motorisiertes Fahrzeug und du darfst es erst ab 18 Jahren lenken. Ich habe ein Doppelquad reserviert und Romy darf hinten drauf mitfahren. Jaime, unser Führer, erklärt kurz wie das Gerät funktioniert und dann geht die 4-stündige Tour auch schon los. Romy schaut sich meine Fummelei an und entscheidet sich dafür, lieber beim Führer Platz zu nehmen. Na, so viel Vertrauen! Die Bedienung ist für mich am Anfang etwas gewöhnungsbedürftig, aber nach 10 Minuten fühlt sich alles schon sehr vertraut an. Zeit für die erste Herausforderung wird sich Jaime gedacht haben. Wir sind auf einem Waldpfad unterwegs und stehen plötzlich am Strand. Der Trail geht auch über den Strand weiter. An sich sollte das kein Problem sein, aber der Strand ist steinig und liegt voller Holz. Jaime manövriert sein Fahrzeug behutsam über die Holperstellen und mit ein wenig Kribbeln im Bauch folge ich ihm. Romy schaut zurück und muss über mich lachen. Eh... sehe ich das jetzt richtig? Lacht meine Tochter mich aus? Nur eine Passage schaffe ich selbst nicht, das übernimmt Jaime für mich, sonst muss ich sagen, dass ich mich sehr geschickt anstelle Romy!

Nach der Strandpassage geht es über einen Waldweg landeinwärts. Das Innere des Landes ist hier von einer Graslandschaft und von Laub abwerfenden Bäumen geprägt. So ab und zu kommen wir an kleinen Bauern vorbei, die Pferde und Kühe stehen in der Wiese, die Wäsche hängt vor dem Bauernhof an der Wäscheleine und im Stall wird gearbeitet. Cowboys kommen uns entgegen oder wir werden von einem anderen ATV Fahrer überholt. Manchmal führt der Pfad durch ein kleines Dorf. Dieses Mal mehr Pappkarton als Wellblech, aber die Menschen genauso freundlich wie wo anders in Costa Rica. Auf der Website des Auswärtigen Amtes steht ein Bericht, dass Costa Rica sehr kriminell ist und Überfälle an der Tagesordnung sind. Ich habe während meiner Reisen nur sehr freundliche und hilfsbereite Costaricaner kennengelernt und kann mich in dem Bericht überhaupt nicht finden. Natürlich habe ich bei der Beratung manchmal verunsicherte Eltern am Telefon. Dankbar bin ich dann über das positive Feedback der Gäste, die genauso wie ich, diesen Bericht nach ihrer Reise nicht nachvollziehen können. Eine echte Möglichkeit den Menschen zurück zu winken, habe ich auf meinem Quad nicht. Ein Auge blickt immer Richtung Boden, weil ich ständig über Wurzeln, durch Löcher oder kleine Bäche fahren muss und beide Hände sind immer am Lenkrad. Quad fahren ist doch recht anstrengend.

Gute 2 Stunden später machen wir eine kurze Pause am Strand von Montezuma. Montezuma selbst ist schon längst kein Geheimtipp mehr. Du findest hier vorwiegend Freaks und ein „alternatives" Flair ist zu verspüren. Von Montezuma aus kannst du Tagesauflüge ins südlich gelegene Cabo Blanco Naturreservat unternehmen. Unsere Tour führt weiter landeinwärts, nach Cóbano. Die kleine Stadt ist ein wichtiger Verkehrs-Knotenpunkt und genau hier steht die Banco Nacional, mit der einzig funktionierenden ATM Maschine in dieser Gegend. Von hier aus fahren wir über die Hauptstraße zurück zu unserem Hotel.

Nach 4 Stunden ist der Gas-Daumen etwas angeschlagen und die Schulter verspannt vom schweren Lenken. Aber die Tour war fantastisch, als Nicht-Motorradfahrer eine besondere Erfahrung. Auch Romy hat es gut gefallen, obwohl das Hinten sitzen sicherlich etwas langweilig sein mag. Ich würde die Tour mit all zu kleinen Kindern nicht wirklich empfehlen, oder kürzer machen. 4 Stunden sind dann echt zu lange.

Reiche Küste

Das Relaxen und beim Schwimmbad herumhängen ist nicht so unser Ding, deswegen haben wir für den letzten Tag noch etwas Aktives geplant. Eine Wanderung im Curú Nationalpark und anschließend eine Bootsfahrt zu Tortuga Island, wo Romy das Standup Paddeln ausprobieren möchte und ich nochmals Schnorcheln werde. Curú ist ein besonderes Tierschutzgebiet. Es steht zwar unter staatlichem Schutz, befindet sich aber auf Privatgrund. Zum Schutzgebiet gehören auch die zwei unbewohnten Inseln Alcatraz und Tolinga, die auch als Tortuga Island bekannt sind. Tolinga wird dabei von Ausflugsbooten angesteuert, auf Alcatraz kommt niemand. In Curú selbst hoffen wir kleine Hirsche und Boas zu sehen. Gut gelaunt springe ich aus dem Bett und mache die Vorhänge auf. Dichter Nebel hängt über dem Pazifik und vor allem im Norden, wo sich der Curú Nationalpark befindet. Vielleicht zieht der Nebel weg, sobald die Sonne aufgeht. Also erstmal frühstücken. An der Rezeption wird uns mitgeteilt, dass wir auf Grund des Nebels eine Stunde später abgeholt werden. Und... du errätst es wahrscheinlich schon... eine Stunde später regnet es! Weil wir die einzigen zwei Gäste für die Tour sind, verschieben wir die Tour nochmals um eine Stunde. Wer weiß, ob es am späteren Nachmittag besser wird.

Ich verbringe meine Zeit mit E-Mails beantworten, Tagebuch führen und fange schon mal mit Einpacken für den Rückflug an. Aus acht verschiedenen Plastiksäcken Rucksäcken, Fototaschen und meiner Kühltasche müssen wieder 2 ordentliche Koffer mit maximal 20 Kilo und 2 Rucksäcke als Handgepäck für das Flugzeug werden. Hast du das auch, dass während der Reise das Gepäck sich immer so ausdehnt? Und jedes Mal schleppe ich wieder viel zu viel mit! Natürlich das ganze Erste-Hilfe-Zeug. Nur hier gilt das Prinzip mitnehmen aber nicht nützen müssen. Auch Foto Equipment habe ich echt viel zu viel mitgenommen. Das Stativ habe ich genau einmal benutzt, manche Filter haben das Tageslicht gar nicht gesehen und auch die Kühltasche hätte ich dieses Mal zu Hause lassen können. Warum ich diese Kühltasche mithabe und was so alles drinnen ist, habe ich in meinem Reiseblog http://blog.travelkid.at veröffentlicht. Auch dieses Mal nehme ich mir vor, bei der nächsten Reise beim Einpacken meiner Koffer noch genauer zu schauen und noch präziser nachzudenken, ob etwas wirklich mitgeht. Was wir wirklich jeden Tag gebraucht haben, war das Moskitonetz. Ich habe es schon mehrmals erzählt, ich nehme das Netz nicht nur wegen den Moskitos sondern auch wegen Ameisen und Kakerlaken her. Und die haben wir in einigen Unterkünften echt gesehen. So tief im Dschungel kommst du da nicht drum herum.

Nach dem Mittagessen kommt langsam die Sonne heraus und es ist durch die Feuchtigkeit des Bodens gleich drückend heiß. Die Bootsfahrt haben wir inzwischen abgesagt und Hilde bietet uns eine Reittour an. Sie hat immerhin 12 Pferde plus Reitstall auf ihrem Gelände. Manuel nimmt uns mit auf eine Tour entlang der Küste, teilweise über den gleichen ATV Pfad wie gestern, teilweise über den Strand. Auch diese Pferde sind sehr brav und schauen sehr gut versorgt aus. Ein Pizote, auch Coati genannt, schaut uns vom Baum aus neugierig an, verschiedene Leguane krabbeln am Boden umher und Heuler Affen begegnen uns während der letzten Reittour. Am spektakulärsten sind definitiv die Wale, die genau vor der Küste auftauchen, als wir über den Sandstrand reiten. Wie fantastisch! Und wer weiß, vielleicht sind sie schon auf dem Weg Richtung Süden und verabschieden sie sich, genauso wie wir, von Costa Rica. Dabei ist eines sicher. Diese Wale werden, genauso wie wir, wieder zur „reichen Küste" zurück kommen. Bis dahin; Pura vida!

TRAVELKID „abenteuerlich einfach"

Fernreisen und Kinder passen wunderbar zusammen. Unter dem Motto *„abenteuerlich einfach"* stellt **TRAVELKID**, ein sehr dynamisches Internet-Unternehmen, Reisen in entfernte und exotische Länder vor – maßgeschneidert für Familien mit Kindern.

TRAVELKID kommt ohne Hochglanzprospekte oder überflüssige Fransen aus, im Internet (www.travelkid.at) ist alles Wissenswerte zu finden. Dabei geht Klasse vor Masse: jede Reise wird gemeinsam mit einem lokalen Reisebüro individuell zusammengestellt. Nicht zuletzt der Kunde profitiert davon, dass diese Agenturen ihr Land und das touristische Angebot wie ihre Westentasche kennen.

Da die **TRAVELKID** Reiseziele außerhalb des europäischen Kulturkreises liegen, kommt die Familie in Kontakt mit anderen Menschen, fremden Kulturen und Religionen, unbekannten Gebräuchen und ungewohnter Mentalität. Besonders das Reisen <u>mit</u> Kindern bietet den

Erwachsenen die Möglichkeit, die Welt einmal mit den Augen der Kinder zu sehen – ein erstaunliches Erlebnis. Und weil diese Rundreisen nur im individuellen Rahmen stattfinden, gibt's statt Bettenburgen kleine, feine, sehr authentische Unterkünfte, meist mit Pool, Strandnähe oder Spielplatz und von Einheimischen geführt. Auch Reisebusse haben hier nichts zu suchen, **TRAVELKID** nützt für seine Rundreisen Zug, Boot, Mietwagen und manchmal wie in Jordanien oder auf Bali mit eigenem Chauffeur.

Jetzt heißt es also abstimmen, wohin die Reise geht: nach Sri Lanka für die Besteigung des Löwenfelsens und zum Tempel des Zahns, nach Bali zum Vulkan-Bestaunen und Delphin-Beobachten, nach Namibia für eine Safari und Dünenbesteigung oder nach Florida zu Krokodilen und Mickey Mouse?

Wie du lesen hast können, ist auch Costa Rica eine kinderfreundliche, abwechslungsreiche und interessante Destination. TRAVELKID liefert ein ergreifendes und abwechslungsreiches Programm, abgestimmt auf „junge und alte" Kinderwünsche.

Wenn du mit deiner Familie auch gerne eine Costa Rica Reise unternehmen willst, dann schicke einfach ein E-Mail an info@travelkid.at für ein unverbindliches Angebot.

TRAVELKID Reisetipps

T = Transport

Man kann Costa Rica ausgezeichnet mit dem Mietwagen erkunden. Das Fahren durch die hügelige Landschaft ist abenteuerlich und macht Spaß. Mit einem Mietwagen bist du flexibel und du kannst auf der Strecke immer wieder einen kleinen Abstecher machen, wenn du etwas Interessantes entdeckst. Außerdem kannst du selbst bestimmen, wo und wie lange du Pause machst.

Obwohl wir immer wieder vor dem schlechten Zustand der Straßen gewarnt worden sind, habe ich sie nicht wirklich als schlecht erfahren. Teilweise befinden sich kleinere Schlaglöcher im Asphalt und können die Schotterstraßen etwas unter Wasser sein, deswegen ist ein 4x4 Fahrzeug in der Regenzeit schon empfehlenswert. Auf den Straßen und Wegen ist üblicherweise nicht so viel los, nur der Lastwagenverkehr (vor allem um San José und auf den Straßen zu den Häfen) geht nicht so schnell voran.

Costa Rica ist so groß wie die Schweiz, daher erreichst du die Programmpunkte meist auch innerhalb eines halben Tages. Für Kinder bis 11 Jahre wird ein Kindersitz im Auto reserviert, bei TRAVELKID natürlich im Preis inkludiert.

R = Reisedokumente

Reisepass

Jeder deutsche, österreichische und Schweizer Staatsbürger muss im Besitz eines neuen gültigen maschinenlesbaren Reisepasses sein, der noch ein halbes Jahr nach der Ausreise gültig sein muss. Auch Kinder und Säuglinge brauchen einen eigenen maschinenlesbaren Reisepass mit Foto. Andere Nationalitäten bekommen die Einreisebedingungen beim zuständigen Konsulat. Jeder Passagier ist für seine eigenen Reisedokumente verantwortlich.

Visum

Schweizer, deutsche und österreichische Staatsbürger können für bis zu 90 Tage visumfrei einreisen. Bei der Einreise von Panama und Nicaragua nach Costa Rica auf dem Landweg sollte unbedingt darauf geachtet werden, dass sowohl der costaricanische Einreisestempel als auch der panamaische bzw. nicaraguanische Ausreisestempel im Reisepass angebracht werden.

ACHTUNG bei Flügen über die USA: Österreichische, deutsche und Schweizer Staatsbürger brauchen kein Visum für die Vereinigten Staaten, trotzdem musst du dich für die Einreise registrieren. Bisher musstest du für die Einreise in die USA nur ein Formular ausfüllen, welches nun durch ein elektronisches Reisegenehmigungssystem ersetzt wurde. Dieses neue Dokument für die Einreise musst du im Internet herunterladen und dies spätestens 72 Stunden vor Abreise online ausfüllen. Die

Webseite ist in mehreren Sprachen abrufbar, u.a. auch auf Deutsch. Eine Einreise in die USA ist ohne diese Onlineregistrierung, egal ob du dort bleibst oder nur umsteigst, nicht mehr möglich!

Diese Regelungen gelten für österreichische, deutsche und Schweizer Staatsbürger. Staatsangehörige anderer Länder erkundigen sich bitte bei der zuständigen Stelle, was für eine Einreise in die USA zu beachten ist.

Impfungen
Wir empfehlen, dich rechtzeitig vor der Abreise mit einem Tropenarzt in Verbindung zu setzen, um dich über entsprechende Gesundheitsvorsorge und die eventuellen Impfungen zu informieren. Unsere Angaben zu Impfungen sind nur als Empfehlungen anzusehen, dafür kann von TRAVELKID verständlicherweise keine Haftung übernommen werden.

Costa Rica stellt keine Pflichtimpfungen, aber es ist ratsam, dich um folgende Vorsorgemaßnahmen zu kümmern:

- Diphtherie, Tetanus, Polio
- Hepatitis A, Hepatitis B

Romy und ich sind nicht gegen Typhus geimpft. Wir sind der Meinung, dass die Chance sich in einem 3 bis 4 Sterne Hotel mit Typhus zu infizieren praktisch null ist.

Gelbfieberimpfung
Alle Reisenden, die in einem Gelbfieberland wie Panama,

Bolivien, Ecuador, Kolumbien, Peru, etc. eingereist sind bzw. dort einen Zwischenaufenthalt hatten, müssen das Internationale Gelbfieberimpfungszertifikat zur Einreise nach Costa Rica vorlegen. Die Impfung muss mindestens 10 Tage vor der Einreise nach Costa Rica stattgefunden haben und gilt auch für Kinder und Babys.

Weiterführende Informationen über Malaria, Dengue und das Zika Virus erteilt dir ein Tropen- oder Hygiene-Institut, z.Bsp. das Zentrum für Reisemedizin in Deutschland: www.crm.de.

A = Alter der Kinder

Im Prinzip kann jeder der gesund ist, an einer Costa Rica Reise teilnehmen. Eine positive und flexible Einstellung ist schon sehr wichtig, weil manche Sachen doch etwas anders ablaufen als bei uns. Es gibt jedoch immer wieder genügend Freizeit um dich zu entspannen oder mal etwas länger zu schlafen.

V = Valuta

Die Währungseinheit von Costa Rica ist der Colon (CRC). 1 Euro = 583,63 Colon und 100 Colon = 0,163 Euro (Stand August 2016).

Du bezahlst zumeist mit Colones, aber auch US-Dollar werden weitestgehend akzeptiert. Die am meisten benutzten Kreditkarten sind Visa und Mastercard. Wenn du eine Bankkarte mit einem Cirrus oder Maestro-Logo hast, kannst du vor Ort Bargeld (nach Wunsch Colones oder Dollar) aus dem Geldautomaten ziehen. Am besten nimmst du immer etwas bares Reservegeld mit.

ACHTUNG: Aus Sicherheitsgründen ist es seit kurzem nicht mehr möglich nach 22 Uhr Geld aus den ATM Maschinen zu ziehen. Bitte achte darauf, dass du, wenn du am späten Abend ausgehst, du schon frühzeitig genügend Bargeld abhebst.

E = Elektrizität

Costa Ricas Steckdosen haben flache Pole und 110V. Es ist empfehlenswert, einen Adapter mitzunehmen. Unsere elektrischen Apparate funktionieren dort langsamer und schwächer. Mit den vielen Geräten macht es Sinn eine Steckerleiste mitzunehmen. Wenn du deine Reise bei TRAVELKID buchst, bekommst du bei Ankunft einen Adapter geschenkt.

L = Logis

Die Unterkünfte, in denen du während der Costa Rica Reise übernachtest, haben wir wegen der schönen Atmosphäre, die zur Umgebung passt, gewählt. Oft sind es Familien-Betriebe, die mit sehr viel Liebe zum Detail geführt werden. Überall gibt es eine Bar und ein Restaurant und einen hübsch angelegten Garten. Die meisten Unterkünfte verfügen auch über einen Swimmingpool. Die Zimmer sind mit eigenem Badezimmer und Ventilator oder Klimaanlage ausgestattet.

Durchwegs sind es Unterkünfte der Mittelklasse, die zentral gelegen sind. Die Unterkünfte sind im Norden des Landes etwas gehobener wie im Süden.

K = Klima & beste Reisezeit

Das Costa Rica Wetter ist warm; die Temperatur liegt das ganze Jahr über zwischen 23 und 27 °C. Auf größerer Höhe ist ein Pullover empfehlenswert (kühlt bis ca. 15-18°C ab).

Außerdem ist das Costa Rica Wetter nass; das ganze Jahr über kann es regnen, bis zu 400 mm Wasser fallen pro cm^2 im Monat vom Himmel herunter. An der Ostküste gibt es mehr Regen als an der Westküste. Aber auch in der Regenzeit regnet es meistens nicht den ganzen Tag, sondern meistens nur am Nachmittag. Die beste Reisezeit ist Dezember bis März - die trockenere Hochsaison. In der Regensaison von Mai bis Dezember ist es nass, dadurch auch ruhiger und die Landschaft färbt sich dunkelgrün. In dieser Periode liegt die Temperatur tagsüber bei ca. 22°C, abends kann es abkühlen.

Unser Rat: Lasse das Klima Costa Ricas einfach auf dich zukommen, nimm einen Poncho und Gummistiefel mit, dann ist Costa Rica das ganze Jahr über ein herrliches Urlaubsziel. Wenn es zeitlich möglich ist, empfehlen wir nicht im September und Oktober zu reisen, da es in diesen Monaten am heftigsten regnet. Das Costa Rica Wetter bleibt unvorhersehbar...

I = Internationale Zeitverschiebung

Zu unserer Winterzeit liegen die Ticos 7 Stunden zurück, zur Sommerzeit sind es 8 Stunden.

D = Dinner und anderes Essen

Neben den vielen Möglichkeiten costaricanisch zu essen, findest du auch zahlreiche Restaurants mit einer internationalen Küche. In den großen Städten bieten Restaurants genügend andere Speisen wie Pommes, Würstel, Toast, Hamburger, Pizza und anderes Leckeres.

Typisch Costaricanische Speisen sind mexikanisch – karibisch orientiert wie Borritos, Enchiladas, Casado, Fisch, usw.

Das Wasser kann direkt aus dem Wasserhahn getrunken werden.

Wichtige Adressen

Botschaftskanzlei für Costa Rica in Österreich
Schlöglgasse 10
1120 Wien - Österreich
Telefon: +43 - 1 - 804 0537

Botschaft Costa Rica in Deutschland
Dessauer Straße 28/29
10963 Berlin – Deutschland
Tel. +49 – 30 – 2639 8990

Costaricanische Ambassade in der Schweiz
Schwarztorstraße 11
3007 Bern – Schweiz
Tel. + 41 – 31- 372 7887

Honorargeneralkonsulat der Republik Österreich
Frente a octubre 54
10102 San José – Costa Rica
Tel. +506 – 231 6815

Deutsche Botschaft in Costa Rica
Apdo. 4017 – 1000, Torre Sabana, 8. Etage
10102 San José – Costa Rica
Tel: +506 – 2290 - 9091

Schweizer Botschaft in Costa Rica
Centro Colón 1007
10102 San José – Costa Rica
Tel. +506 – 2221 4829

Costa Rica Tourism Board
East Side of the Juan Pablo II Bridge
777-1000 San José – Costa Rica
Tel. +506 – 2299 – 5800

TRAVELKID Fernreisen GmbH & Co KG
Das komplette Reisebüro für deine Costa Rica Reise –
von der Zusammenstellung der Reise über Unterkunfts-
reservierung bis hin zu Flugbuchungen, Bestellung des
Dschungelfieber-Reiseberichtes und last-but-not-least das
Abschließen einer Storno- und Reiseversicherung bei der
Europäischen.

Seeuferstraße 6b | 5700 Zell am See | Österreich
www.travelkid.at | info@travelkid.at
Tel. +43 676 710 1330

Meine anderen Bücher

18 Fotos
übersichtliche Sri Lanka Karte
116 Seiten
Ausführliche Informationen
Detaillierte Reiseroute
ISBN 9-783-7431-6553-3
Preis: € 11,80
1. Auflage 2016
Neuauflage Januar 2017

Löwentatzen
Mit meiner Tochter auf Abenteuerreise durch Sri Lanka

Die gigantischen Löwentatzen hoch oben auf dem Löwenfelsen in Sigiriya lassen den Umfang des früheren Königspalasts ein wenig erraten. Genauso immens sind die alten Königsstädte Polonnaruwa, Anaradhapura und Kandy. Im **TRAVELKID** Reisebericht **Löwentatzen** – *mit meiner Tochter auf Abenteuerreise durch Sri Lanka* - entdeckt die Autorin Patrice Kragten gemeinsam mit ihrer 13-jährigen Tochter diese und andere Weltkulturen der UNESCO, an denen Sri Lanka reich ist. Ganz spannend sind die Safaris in den Nationalparks Yala oder Minneriya, abenteuerlich ist die Zugfahrt von Kandy nach Nuwara Eliya und sportlich die Radtour in Pollonaruwa. Begleitet werden Kragten und Tochter von ihrem privaten Chauffeur Keerthi, durchaus üblich für eine Sri Lanka Reise. Entdecke wie leicht „die Perle im indischen Ozean" mit Kindern machbar ist, staune über die enorme Anzahl der Teeplantagen im Landesinneren und genieße die perlenweißen Strände der Küste.

„Damit die Menschen nach dem Bürgerkrieg ihr Land wieder aufbauen können, ist mir der Fair Trade Gedanke sehr wichtig. Ich verhelfe lieber einem Chauffeur zu einem guten Job, als Geld in eine internationale Mietwagen-Firma zu stecken."

24 Fotos
übersichtliche Indonesien Karte
168 Seiten
Ausführliche Informationen
Detaillierte Reiseroute
ISBN 978-3-7431-6533-5
Preis: € 14,00
1. Auflage 2009 | 2. Auflage 2016
Neuauflage Januar 2017

Reisfelder
mit meiner Tochter auf Abenteuerreise durch Indonesien

In diesem neuen TRAVELKID Reisebericht **Reisfelder –** *mit meiner Tochter auf Abenteuerreise durch Indonesien* - berichtet Patrice Kragten von ihren Erfahrungen während einer 5-wöchigen Rundreise durch Java und Bali, die sie gemeinsam mit ihrer 6-jährigen Tochter Romy im Oktober 2008 unternommen hat. Ob der Bericht jetzt von buddhistischer Baukunst des Borobodurs, der Freilassung der Meeresschildkröte Chili oder von den Wanderungen durch Reisfelder handelt - die Holländerin hat überall nützliche Informationen für das Unternehmen einer Fernreise mit Kindern eingebunden.

Während einer zweiten Reise werden spannende Aktivitäten und neue Hotels für TRAVELKID Fernreisen auf Kindertauglichkeit getestet.

Kragten: „Mit einem Auto, sowie einem hilfsbereiten Chauffeur und einem engagierten Reiseleiter, legte ich über 1.800 Kilometer zurück. Ich besuchte mit meiner Tochter den weltberühmten Borobodur, wanderten durch und radelten entlang saftig grüner Reisfelder, standen im Krater eines schlafenden Vulkans, haben den Glauben der Indonesier kennen gelernt und schwammen im azurblauen Bali See."

Der Reisebericht, verständlich und einfach geschrieben, soll einerseits Informationen bieten für diejenigen, die demnächst mit Kindern eine Bali Reise unternehmen möchten. Anderseits sollten die Erfahrungen dazu dienen, dass Familien sich trauen, eine Fernreise mit den Kindern, in diesem Fall nach Indonesien, zu unternehmen.

Ich frage Romy ganz vorsichtig, ob sie vielleicht Angst vor der Schlange hat, worauf sie antwortet: „Ich? Nein, ich habe eh Bergschuhe an!"

18 Farbbilder
übersichtliche Malaysia Karte
160 Seiten
Ausführliche Informationen
Detaillierte Reiseroute
ISBN 978-3-7431-6523-2
Preis: € 14,00
1. Auflage 2015
Neuauflage Januar 2017

Affentheater

mit meiner Tochter auf Abenteuerreise durch Malaysia

Im Gegensatz zum nördlichen Nachbarn Thailand, ist Malaysia noch so etwas wie eine Unbekannte. In diesem TRAVELKID Reisebericht Affentheater – *mit meiner Tochter auf Abenteuerreise durch Malaysia* - entdeckt die Autorin gemeinsam mit ihrer 11-jährigen Tochter die unterschiedlichsten Facetten von Malaysia und wird dabei feststellen, dass sie die Wunder Malaysias nicht allein mit bloßem Auge erfassen kann. Auf dem Festland beobachtet sie Flora und Fauna im Nationalpark Taman Negara, findet in Kuala Lumpur ein reiches kulturelles Erbe und ist über eine große Auswahl an köstlichen Gerichten beeindruckt.

Im Vergleich zu West-Malaysia findet Kragten auf Borneo nochmals eine andere Welt. Borneo ist mehr eine Naturreise mit exotischen Tieren und Pflanzen, mit kilometerlangen Flussläufen, welche sich durch den dichten Dschungel schlängeln, mit versteckt liegenden Ansiedlungen mitten im Regenwald, welche sich oft nur mit Booten erreichen lassen und weißen Pulverstränden auf wahrhaft paradiesischen Inseln. Malaysia macht definitiv Lust auf mehr

„Wir stehen bei einem Busch und laut Sapri sitzt die Schlange genau vor uns. Romy hat eigentlich ein ganz gutes Gespür für Wildtiere und sieht sie meistens schneller wie ich. Jetzt stößt auch sie an ihre Grenzen."

24 Farbbilder
übersichtliche Namibia Karte
204 Seiten
Ausführliche Informationen
Detaillierte Reiseroute
ISBN 978-3-7431-5442-1
Preis: € 14,00
1. Auflage 2009 | 2. Auflage 2015
Neuauflage Januar 2017

Elefantenspuren
mit meiner Tochter auf Abenteuerreise durch Namibia

In dem ersten TRAVELKID Reisebericht **Elefantenspuren** – *mit meiner Tochter auf Abenteuerreise durch Namibia* - berichtet Patrice Kragten über ihre Erfahrungen während den Rundreisen durch Namibia, die sie gemeinsam mit ihrer Tochter Romy im April 2009 und Juli 2012 unternommen hat. Ob der Bericht jetzt von roten Sanddünen der Sossus Vlei, den Himba-Frauen aus Opuwo oder den Wildtieren Etoshas handelt - die Holländerin hat überall nützliche Informationen für das Unternehmen einer Fernreise mit Kindern eingebunden.

Kragten: „Mit einem 4x4 Fahrzeug, ausgestattet mit einem Dachzelt in dem wir meistens übernachtet haben, legten wir während beiden Reisen 3.760 Kilometer zurück. Wir haben die roten Sanddünen bestiegen, wo unsere Fußabdrücke so groß wie Elefantenspuren geworden sind. Wir besuchten das Himba Volk, die zwar Elefanten kennen, aber keine Ahnung haben, was ein Hai ist. Und natürlich folgten wir im Etosha Nationalpark den Spuren der Elefanten."

„Romy schenkt einem Himba-Kind einen Hai aus Plastik. Die Mutter des Kindes weiß was ein Elefant ist, hat aber keine Ahnung, was der Hai für ein Tier ist und wo er lebt."

22 Fotos
übersichtliche China Karte
176 Seiten
Ausführliche Informationen
Detaillierte Reiseroute
ISBN 978-3-7431-0241-5
Preis: € 14,00
1. Auflage 2013
Neuauflage Januar 2017

Steinhaufen
Mit meiner Tochter auf Abenteuerreise durch China

Weltberühmte Sehenswürdigkeiten wie die Terrakotta-Armee und die chinesische Mauer werden mit weniger bekannten Reisezielen wie der Innenstadt von Lijiang oder dem versteinerten Wald von Shilin abgewechselt. In diesem TRAVELKID Reisebericht **Steinhaufen** – *mit meiner Tochter auf Abenteuerreise durch China* - entdeckt die Autorin gemeinsam mit ihrer 9-jährigen Tochter diese und andere Weltkultur- und Weltnaturerbe der UNESCO, an denen China reich ist. Außerdem hat sie mehrere unterschiedliche Transportmittel von Bahn bis Flugzeug, von Fahrrad bis Bambusfloß und Tuktuk benutzt und damit die Weltmetropolen Peking und Hong Kong erkundet, sowie die saftig grünen Reisterrassen von Longshen und das prachtvolle Karstgebirge rundum Yangshuo entdeckt. Die traumhafte Landschaft der unbekannten und nicht-touristischen inneren Mongolei, im Norden Chinas, haben die beiden mit Pferden ausgeforscht.

„Das eine Kind wird die Schönheit der chinesischen Mauer, der verbotenen Stadt, des Karstgebirges oder einer mongolischen Gedenkstätte erkennen, während das andere Kind diese einzigartigen UNESCO Weltkultur- und Weltnaturerbe als einen Steinhaufen bezeichnet."

Dankwort

"Steigst du nicht auf die Berge, so siehst du auch nicht in die Ferne."

Lieve Romy, wat hebben we weer een fantastische reis gemaakt! Ik ben zo dankbaar, dat ik al deze spannende avonturen samen met jou mag beleven en ik weet zeker, dat er nog een aantal zullen volgen! Ik hou van je.

Ook wil ik Bert, Rian, Vince en Evi hartelijk bedanken voor de leuke, spannende en gezellige momenten, die we tijdens de reis met jullie mochten beleven.

Damit meine Bücher auch „Deutsch" werden, möchte ich mich bei Sonja wieder recht herzlich bedanken. Die Grammatik-Kontrolle ist immer viel Arbeit, aber es macht einfach sehr viel Spaß mit dir!

Natürlich ein Dankeschön an Johan. Er hat nicht nur unsere Reise reibungslos vorbereitet, sondern auch jene von den vielen TRAVELKID Gästen. Einen verlässlichen Partner zu haben, ist Gold wert!

Und, wie immer, ein Dankeschön an Cinderella für ihre magischen Worte: „*Let your dreams come true*".